B

旅游产业蓝皮书
BLUE BOOK ON THE TOURISM INDUSTRY

U0742792

常德市旅游业
发展报告
（2018）

陈　耿／主编

ANNUAL REPORT ON CHANGDE'S

TOURISM INDUSTRY DEVELOPMENT （2018）

中南大学出版社
www.csupress.com.cn
·长沙·

图书在版编目(CIP)数据

常德市旅游业发展报告. 2018 / 陈耿主编. —长沙：
中南大学出版社, 2020.9

ISBN 978-7-5487-4168-8

Ⅰ.①常… Ⅱ.①常… Ⅲ.①旅游业发展—研究报告
—常德—2018 Ⅳ.①F592.764.3

中国版本图书馆 CIP 数据核字(2020)第 174705 号

常德市旅游业发展报告(2018)
CHANGDESHI LUYOUYE FAZHAN BAOGAO

主编 陈耿

□责任编辑	唐天赋　何水来	
□责任印制	易红卫	
□出版发行	中南大学出版社	
	社址：长沙市麓山南路	邮编：410083
	发行科电话：0731-88876770	传真：0731-88710482
□印　　装	长沙印通印刷有限公司	

□开　　本	710 mm×1000 mm 1/16　□印张 12.75　□字数 200 千字	
□版　　次	2020 年 9 月第 1 版　□2020 年 9 月第 1 次印刷	
□书　　号	ISBN 978-7-5487-4168-8	
□定　　价	68.00 元	

前　言

常德，史称"川黔咽喉、云贵门户"，是长江经济带、环洞庭湖生态经济圈上的重要城市，因悠久的历史人文、优良的生态环境等，被誉为"桃花源里的城市"。近年来，常德市深入实施"开放强市、产业立市"战略，加快推进文旅康养千亿产业发展，2018年全市接待国内外游客5 153.05万人次，旅游综合收入441.14亿元，已成功跻身湖南文化旅游发展第一梯队，成为"锦绣潇湘"湖南文化旅游品牌的重要支撑城市。

常德市旅游业发展蓝皮书的编制是一项集聚智库专业力量、服务政府产业发展、有着较大社会影响的重要工作，在当前文化旅游融合发展大背景下，不仅有利于体现旅游业作为产业动能载体的特殊地位，更有利于为产业链各领域、多方位、全要素的发展提供决策支撑。

本报告共分成三大部分：总报告、专题报告和区域报告。总报告对2018年常德市旅游业发展状况进行总结分析，提出展望建议。专题报告围绕重点旅游要素和重点工作，编制形成了2018年常德旅游景区、旅游住宿业、旅游商品、旅游市场营销四个专题报告。区域报告分别对常德市所辖的武陵区、鼎城区、安乡县、汉寿县、桃源县、临澧县、石门县、澧县、津市9个县市区进行总结分析，分别形成了县市区旅游业发展报告。另外，报告附录了2018年常德市支持旅游业发展出台的一系列政策文件和旅游业发展大事记。

本报告在撰写过程中，常德市文化旅游广电体育局及相关部门、各县市区文旅广体部门提供了大量翔实资料，湖南省旅游学会、湖南省旅游研究院、华侨大学、湖南工商大学、湖南工业大学等的领导和专家给予了大力指导和支持，在此一并感谢！

海阔凭鱼跃，天高任鸟飞。旅游已经成为人民群众日益增长的美好生活需要，成为推动社会经济高质量发展的重要载体。我们相信，在决胜全面建成小康社会的关键时期，常德旅游业必将迎来高质量发展的春天，为湖南旅游业繁荣发展、开创新局面作出贡献。

编　者

2020 年 6 月

目　录

I 总报告

B.1 常德市旅游业发展分析与展望

常德，史称"川黔咽喉、云贵门户"，是长江经济带、环洞庭湖生态经济圈的重要城市。区域内文化底蕴深厚，旅游资源丰富，旅游业发展历史悠久、成绩斐然，先后获得了"全国文明城市""中国优秀旅游城市""国家园林城市"等荣誉称号，具有独特的旅游魅力。在湖南省旅游业发展初期，以桃花源景区为主的常德旅游业，是湖南省旅游业的先锋代表，从20世纪80年代开始，桃花源景区更是成为长沙至张家界旅游线路上的必游景点。随着高速交通体系的建设和旅游者选择的多样化，旅游业发展的挑战开始凸显。近年来，常德市委、市政府致力于全域旅游发展，先后开发了欢乐水世界、常德河街、城头山等旅游精品项目，全面升级了桃花源景区，引入了华侨城、万达、德国卓伯根等知名企业集团，实现了旅游产业的蓬勃发展。2018年，常德按照"开放强市、产业立市"的战略思路，大力发展旅游业，取得了突出成绩。

一、2018年总体发展形势

（一）主要成绩

1.发展环境不断优化

常德市委、市政府一直重视旅游业发展，尤其是近几年全域旅游不断发

1

展，旅游举措不断推出，取得了十分突出的成绩，陆续出台了《关于进一步促进旅游产业发展的意见》《常德市旅游战略性产业三年攻坚行动方案》《关于支持桃花源旅游产业发展的若干意见》《常德市推进产业立市三年行动文旅康养专项小组三年行动计划实施方案》等一系列促进旅游业发展的政策，助推旅游产业发展考核连续多年位列全省旅游产业发展第一方阵。2018 年是常德市推进"开放强市、产业立市"的开局之年，常德市委、市政府极其重视旅游发展工作，将文旅康养产业作为新一届市委、市政府"开放强市，产业立市"的重要抓手，确定为"四大千亿产业"之一，加快培育。

2. 管理水平不断提高

在创建全域旅游示范单位的总体背景下，常德市旅游外事侨务局大力加强自身建设，管理水平不断提升。在理念上，坚持亲民利民，做到为民行政。一方面，通过"一次办结"改革，大幅度提高办事效率，深化行政审批制度改革，优化审批流程，减少审批环节，继续推进"互联网＋政务服务"发展。加快推进行政审批和商事制度改革，确定 53 项行政许可、行政服务和公共服务事项项目清单；推行"多证合一"，整合 6 项"只跑一次"行政审批事项，取消 1 项证明材料；旅行社业务经营许可证办理时限由 20 个工作日压减到 7 个工作日。另一方面，继续依法强化行业管理，全面落实旅游景区动态管理机制，全面强化安全管理、旅游厕所建设和管理、规范和提升服务管理等。全面强化 31 家等级旅游景区、73 家旅行社、28 家星级饭店的行业管理，督促企业管理水平和服务质量提升。特别注意对旅游新业态的培育与管理，对自驾车旅游组织、户外运动组织的管理进一步严格和规范，防止出现各种安全问题。同时，大力培育旅游市场主体，树立积极服务旅游企业的意识，主动为旅游企业排忧解难。

3. 产业规模不断扩大

常德市旅游经济产业发展呈现平稳发展态势，2018 年共接待国内外旅游者 5 153.05 万人次，旅游总收入 441.14 亿元，同比分别增长 17.2%、21.8%。其中，接待国内旅游者 5 139.76 万人次，国内旅游收入 437.47 亿元，同比分别增长 17.34%、22.43%。实现旅游产业增加值 181.7 亿元，同比增长11.33%，占 GDP 比重为5.35%。

从各县(市、区)旅游业发展规模看(图1-1、图1-2)，旅游业发展的空间结构健康，空间落差逐步缩小。各县(市、区)旅游业全面发力，旅游业

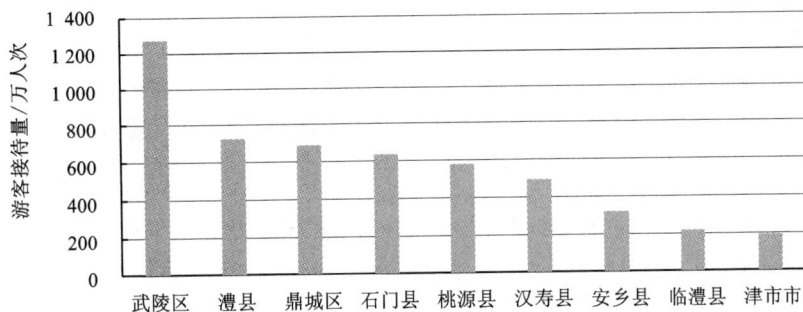

图1-1 2018年常德市各县(市、区)游客接待量

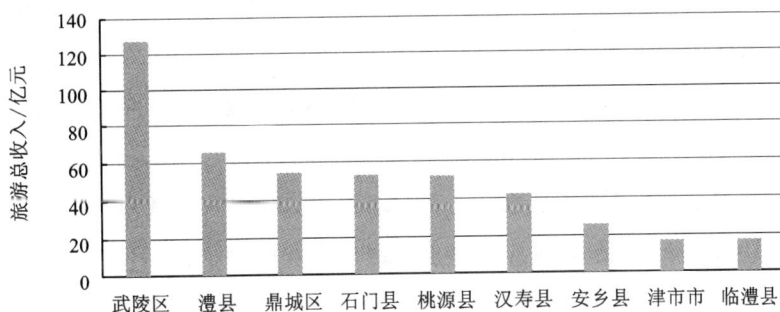

图1-2 2018年常德市各县(市、区)旅游总收入

发展速度和质量均稳步提升，有力地促进了县域经济发展。武陵区接待国内外旅游者1 288.09万人次，实现旅游总收入124.67亿元。鼎城区接待国内外旅游者687.71万人次，实现旅游总收入51.75亿元。安乡县接待国内外旅游者319.35万人次，实现旅游总收入24.76亿元。汉寿县接待国内外旅游者488.86万人次，实现旅游总收入40.67亿元。桃源县接待国内外旅游者595.59万人次，实现旅游总收入50.37亿元。临澧县接待国内外旅游者212.33万人次，实现旅游总收入16.01亿元。石门县接待国内外旅游者

644.75 万人次，实现旅游总收入 51.32 亿元。澧县接待国内外旅游者 736.23 万人次，实现旅游总收入 62.58 亿元。津市市接待国内外旅游者 182.63 万人次，实现旅游总收入 16.2 亿元。

4. 旅游品牌不断添彩

常德市高度重视旅游品牌建设。近几年，将旅游品牌建设作为全域旅游发展的重要支持。2018 年，常德市加大投入、突出重点、创新机制、加强旅游景点和配套设施建设，旅游品牌建设取得了明显的成效。截至 2018 年底，共建成国家等级旅游景区 31 家，其中 AAAA 级旅游景区 9 家、AAA 级旅游景区 20 家、AA 级旅游景区 2 家；共建成湖南省省级工业旅游示范点 9 个、省级红色旅游示范点 7 个以及省级旅游名镇 4 个、省级旅游名村 15 个、省级乡村旅游点 59 个。大力实施"旅游 + 城镇化"模式，石门县壶瓶山镇、柳叶湖德国风情小镇、津市药山镇分别列入全省第二、三、四批湖湘风情文化旅游小镇。同时，重点推进"1 + 3 + X"全域旅游品牌创建工程。"1"是市本级中国旅游休闲示范城市创建工作，已通过省级审核，并向国家文化和旅游部提交申请报告；"3"是桃花源景区创建国家 AAAAA 级旅游景区，国家文化和旅游部李金早副部长实地指导桃花源景区创建，完成评定汇报工作，城头山景区创建国家 AAAAA 旅游景区已获湖南省文化和旅游厅景观评定委员会景观质量评定，柳叶湖创建国家旅游度假区已完善申报资料，由湖南省文化和旅游厅正式向国家文化和旅游部申报；"X"是指导一批 AAAA、AAA 级旅游景区、星级饭店、星级旅行社、五星级乡村旅游区（点）开展特色品牌创建活动。

5. 旅游要素不断完备

全域旅游的发展，要求全面丰富旅游产业要素。常德市致力于旅游要素的全面发展、结构的优化。2018 年，在补短板方面做出了巨大努力。旅游住宿业转向特色化，已成功建设星级酒店 28 家，其中五星级 2 家、四星级 2 家，喜来登、华尔夫等精品酒店、"觅你·璞悦"主题酒店以及民宿、汽车营地等新型住宿快速发展，结构过于低端的情况已彻底改变。住宿业转向专业化，现有旅行社 73 家，其中五星级 1 家、四星级 6 家，中青旅、春秋等知名品牌以及途牛互联网旅游、温馨之旅老年旅游等专业化旅行社不断涌现，弱小散差情况大为改善。旅游餐饮业转向品牌化，相继举办了德菜评选和米粉大赛等活动，推出了"十大钵"、"十大碗"、特色米粉等代表菜系，挖掘常德饮食文化、打造出德菜品牌，在舌尖上大作旅游文章。旅游购物转向体系化，推出了25种"常德印象"和20种"常德味道"系列旅游商品，创建了6家湖南省省级旅游购物示范点，搭建了10个旅游商品展销平台，旅游商品产销体系不断健全；实施"旅游+商品"计划，推出"桃花源记"武陵窑、桃源精品刺绣等旅游商品，在常德河街打造旅游商品街，旅游商品大赛斩获1金、2银、5铜共8个大奖，取得了喜人的成绩。

6. 智慧旅游不断推进

常德是国家智慧城市试点示范城市，在2013年就启动建设"智慧常德"，出台了《常德市国家智慧城市试点示范城市建设工作方案》，取得了"一个中心、十大应用、一项试点"的发展成果。智慧旅游也依托"智慧常德"不断推进，在"锦绣潇湘·亲亲常德"全域旅游卡获全国智慧旅游创新成果奖的基础上，"常德旅游外侨"官方微信平台功能不断齐全，内容不断丰富，独立开发了景区语音导览、VR常德形象展示、实景现场信息数据查询、电子商务等多个功能板块。常德智慧旅游综合管控平台于2018年6月启动建设，2018年9月初完成平台开发架设工作，经过三个月的系统测试，"一平台、六系统"体系基本形成，平台功能修正完善，具备投入使用条件。其中，"一平台"指政府综合管控平台，以提升整个常德市旅游目的地的服务、管理、营销水平与能力为目标，以旅游大数据的充分利用、交流与共享为手段，建设全面覆盖常德市旅游全产业链的公共服务平台、管理指挥平台、整体营销平台。"六系统"分别为视频监控管理系统、旅游产业运营监测系统、旅游商业与诚信管理系统、管控平台微信管理系统、客流监测分析系统、视频会议系统。

(二)重要工作进展

1.形成了旅游发展的特色格局

全域旅游发展致力于改变景区旅游主导的门票旅游经济局面,常德旅游目前已基本形成了城市旅游、乡村旅游、景区旅游"三分天下"的格局。常德具有发展城市旅游的良好条件,是全国首批海绵城市建设试点城市,正致力于创建中国旅游休闲示范城市,柳叶湖正在创建国家级旅游度假区,河街、老西门、德国街、万达广场等城市旅游休闲区已全面形成,城市旅游成为常德市旅游名片。常德乡村旅游呈蓬勃发展之势,全市突出发展乡村旅游的乡镇已超过 50 个,乡村旅游点单体数量超过 1 000 家。鼎城区红烨山庄等 68 家单位已建成湖南省五星级乡村旅游点,数量位居全省前列。常德市景区旅游不断升级发展,以桃花源景区为代表的 31 家国家等级旅游景区,一直是常德市旅游业发展的重要阵地。

2.确保了旅游规划的科学可行

长期以来,旅游规划的科学性和可行性受到质疑,存在"纸上画画、墙上挂挂"的现象,旅游规划缺乏权威性。为落实常德市"开放强市、产业立市"决策部署,结合《湖南省建设全域旅游基地三年行动方案(2018—2020 年)》,常德市各级地方政府全面推进全域旅游发展工作,加快旅游产业持续健康发展。一方面重点指导石门县全域旅游示范区创建工作,另一方面支持各区县(市)全域旅游示范区申报工作,因地制宜地探索全域旅游发展新模式。同时,对市、县两级旅游规划进行了全面梳理,组织编制了《常德市红色旅游发展规划与红色旅游重大项目策划》,指导并审定了《鼎城区全域旅游发展规划》《夹山创 5A 级景区提升规划》等区县、景区规划。

3.推进了项目建设的风生水起

2018 年,常德市积极推动旅游项目建设,不断丰富全域旅游建设实践,形成旅游产业发展的良好态势。2018 年,全市在建重点旅游项目 33 个,总投资 291.78 亿元,年度投资 78.35 亿元,总体进展状况好。桃花源景区三年闭关改造后,重新面世并受到好评。桃源枫林花海、澧县城头山建成的遗址公园、澧阳平原史前文化博物馆、稻田彩绘园等开园。全市上下十分重视文化旅游产品建设，大力培育的大型山水实景剧《桃花源记》得到旅游者的高度认可，市场热度高涨；国内首创的全开放、流动舞台实景秀演艺《梦回穿紫河》，成为城市旅游经典节目，深受观众喜爱。新环境下，全市各级政府尤为注重招商引资发展文化旅游和康养产业。2018 年，全市旅游招商工作成绩突出，10 大重点招商项目中，有 9 个项目落实投资主体或正在与投资方洽谈。截至 2018 年 12 月底，文旅康养产业共计获得上级资金近亿元，为重大项目的建设提供了资金保障。

4. 促进了乡村旅游的蓬勃发展

自党的十九大提出乡村振兴战略以来，常德市乡村旅游发展进入高潮，形成了城市城镇依托型、民俗文化依托型、特色产业依托型三种发展模式。在乡村旅游业发展中突出品牌建设，湖南省文化和旅游厅公示的 2018 年度 57 家湖南省五星级乡村旅游区（点），常德市占 9 家，占全省总量的 15.79%，位居全省各市州品牌数量榜首。一方面，乡村旅游产品日益完善，初步形成了布局合理、类型齐全、内容丰富的产品体系，涌现出了一大批特色鲜明、初具规模、影响较大的旅游名镇、旅游名村、星级乡村旅游区（点）和金牌农家乐，全市突出发展乡村旅游的乡镇已超过 50 个，乡村旅游点单体数量超过 1 000 家。另一方面，乡村旅游节庆活动丰富，各区县（市）根据乡村旅游的资源条件、核心产品、产业特征等方面综合定位，每年策划举办旅游节庆活动 50 多场。通过政府主导、市场运作的方式，举办不同主题的乡村旅游节庆活动，大大提升了常德市乡村旅游产品的知名度，激活了乡村旅游市场。同时，常德市大力弘扬乡村旅游融合发展理念，全力支持"旅游 + 农业"模式的推进，拟订《常德市旅游外事侨务局实施乡村振兴战略工作方案》，大力培育乡村旅游点与业态，共推出了武陵丹洲"自由奔跑"草原游、石门维新"野趣天堂"营地游等 40 多条乡村旅游精品线路，并纳入全市旅游精准营销的系列活动中，助推乡村振兴。

5. 提升了旅游营销的推广成效

常德市注重旅游营销创新，紧紧围绕"旅游营销活动年"主题，实施旅游目的地精准营销，多措并举推介常德旅游形象，拓展客源市场，提升旅游营销效果。先后在长株潭、广州、成都、杭州等重点旅游目的地城市开展了常德旅游产品专场营销活动，重点推介桃花源、柳叶湖、常德河街、城头山等旅游景区(点)，累计与知名旅行社签署合作协议 20 份，前来常德的外地组团旅游者人数同比增长近 4 倍。

组建常德旅游精准营销小分队，常德市旅游外事侨务局和桃花源旅游管理区抽调专门人员常驻长株潭、张家界、湘西凤凰等省内旅行社集中的地方，主攻旅行社渠道精准营销旅游产品，与 260 家旅行社签订送客协议，常德旅游产品一日、二日游线路宣传上架开售，前来常德的外地旅游大巴车数量同比增长近 5 倍。

6. 凸显了旅游行业的社会效益

注重旅游行业社会效益的发挥，指导各县(市、区)旅游部门和广大旅游企业积极行动，让旅游业服务经济社会发展。在全力支持"顶天立地"的大型旅游企业发展的同时，大力扶持"铺天盖地"的小微旅游企业发展，让旅游发展成为创新创业的舞台，也成为拓展就业途径的重要阵地。城市旅游休闲的全面发展，带动大量城市居民进入休闲娱乐业就业，成为城市更新和产业升级的重要稳定器。乡村旅游的发展，全面培育农民的经营意识，培育新型农民，盘活农村存量资产，发展现代服务业，拉动农业产品向旅游商品转化，促进乡村振兴。全市旅游行业通过旅游扶贫工作有序推进，社会效益日益凸显。各县(市、区)旅游部门重视旅游扶贫工作，成立扶贫工作领导小组，制定旅游扶贫"百企联百村"工作方案，并广泛发动本辖区内的旅游企业，推进旅游扶贫。2018 年，全市共组织了 73 家旅游企业参与"百企联百村"，联系贫困村 74 个，经验被《中国旅游报》专版登载，并向全行业推广。

7. 强化了依法监管的行政意识

新时代全域旅游发展，需要树立依法监管的行政意识，确保旅游高质量发展。2018 年，根据国家文化和旅游部和湖南省旅游发展委员会的统一安排，开展"利剑行动—1""利剑行动—2"等旅游市场整治行动，检查旅游企业 83 家次，下发责令整改通知书 35 份，对 13 家旅行社作出责令整改、3 家旅行社给予罚款的行政处罚。加强旅游新业态监管，对常德车友会等7家社会团体进行警示性谈话，确保了旅游市场的有序发展。同时，积极开展安全生产、扫黑除恶专项斗争等有关知识的宣传，增强了社区群众的安全生产意识、涉黑涉恶防范意识。

二、2018年发展经验总结

(一)发展经验

1. 政府主导与顶层推动是发展保证

常德市委、市政府高度重视全域旅游发展，将全域旅游工作纳入2018年议事日程，多次研究全域旅游工作。2018年政府工作报告中，明确指出要发展全域旅游，持续办好旅游节庆活动，大力发展城市旅游、乡村旅游、红色旅游、生态旅游，打造一批知名旅游景区和精品旅游线路，加快推进旅游与文化、体育、康养等产业融合发展。市委、市政府领导多次就全域旅游问题实地调研，深入实地现场办公，解决棘手问题。结合《湖南省建设全域旅游基地三年行动方案(2018—2020年)》，制定了《常德市推进产业立市三年行动文旅康养专项小组三年行动计划实施方案(2018—2020)》《常德市旅游突发事件应急预案》《全市旅游市场秩序专项整治"利剑行动-1"工作实施方案》《加强常德市旅游行业社会信用体系建设工作要点》等一系列促进旅游业发展的政策，形成了支持全域旅游发展、旅游市场秩序、绩效考核、整体营销、服务质量和资金奖励等方面的政策保障。

2. 部门联动与协同配合是发展依靠

2018年，常德市积极探索全域旅游发展领导体制创新路径，一方面，按照国家机构改革整体方案、结合常德市实际情况，整合文化和旅游的融合化管理方案；同时继续强化假日旅游管理、大型节庆活动主办、旅游联合执法等协调机制，在整合相关职能部门力量过程中总结经验，为建立常态化工作机制创造了条件。另一方面，常德市旅游外事侨务局立足于机构改革前沿，相关部门紧密合作，积极推进旅游与文化、文物、体育、农业、工业、林业、商业、水利、地质、环保、交通、气象等相关行业和产业融合发展，积极推进"旅游＋"和"＋旅游"，为旅游融合发展探索实现途径。

3. 市场导向和科学运作是发展机制

在全域旅游发展过程中，按照大市场、大旅游、大产业的内在要求，将旅游市场主体培育作为重头戏，在注意积极引进有实力的旅游企业的同时，积极培育骨干企业成长，通过多种手段培育"铺天盖地"的小微企业，鼓励社区参与，形成共建共享机制。对国家等级旅游景区、星级饭店和省级乡村旅游区（点）的创建，加大奖励、支持力度，全面鼓励全域旅游品牌化、品质化发展。

4. 统筹谋划与突出重点是发展路径

全域旅游发展需要统筹谋划。2018 年旅游工作突出多规合一的理念，培育发展新动能、大力推进产业立市三年行动计划，开展"产业项目建设年"活动，进一步优化产业格局、壮大产业实力、提升产业能级，把实体经济的根基筑得更牢、扎得更深。全力打造烟草、生物医药与健康食品、装备制造与军民融合、文旅康养四大千亿产业，大力实施常德品牌行动，提升"常德品牌、中国品质"的影响力。重点推进"1＋3＋X"全域旅游品牌创建，全力推进中国旅游休闲示范城市创建，桃花源力争创建成国家 AAAAA 级旅游景区，柳叶湖力争创建成国家级旅游度假区。

5. 解放思想与开拓创新是发展动力

全域旅游本身是发展理念的变革，是旅游发展体制机制顺畅化的变革，是旅游产业品质化发展的变革。全域旅游发展需要解放思想，开拓创新。根据常德市的具体情况，2018 年展开了一系列改革，在旅游业管理机构的改革上取得了突破性成果。在全域旅游体制机制的理顺上作出大量尝试，在全域旅游营销方式的"政府主导、社会参与、市场运作"协同创新上作出探索，全域旅游发展实现一定突破。

6. 明晰定位与突出特色是发展导向

常德历史悠久、文化灿烂，拥有桃花源、德山、柳叶湖、壶瓶山、城头山等诸多优质旅游资源。跨入新时代，面对长江经济带、洞庭湖生态经济圈建设等重大战略，只有立足本身优势，面对区域竞合，找准发展特色，常德才能实现区域突围。域内，通过高水平打造一批旅游精品，提升旅游新供给，增强旅游竞争力，做足"一城三区"大文章，以建设桃花源文化旅游度假区、柳叶湖文化旅游休闲度假区、城头山历史文化展示区为重点，打响"世外桃源"旅游品牌，塑造"亲亲常德"旅游形象，大力发展城市旅游、乡村旅游、景区旅游，形成"三分天下"的旅游发展格局。域外，处在张家界、凤凰等知名旅游胜地"包夹"中的常德，果断选择结盟协作，发起成立以"张家界看山、常德玩水、湘西怀古"为主打的湖南旅游"金三角"联盟，错位发展、共同发力。通过域内、域外联动出击，实现常德产业大发展、产品大提质、人气大聚集、市场大拓展，从传统旅游观光城市向生态休闲城市全面转型升级。

（二）主要问题

1. 管理体制机制有待完善

体制机制的理顺，是全域旅游发展的一个重点攻关问题。2018 年国家层面机构改革已经完成，但省市改革方案设计直至年底才落实，在今后几年的管理体制机制运行中，还需大量的创新性工作来完善。在 2018 年的机制创新实践中，常德市各部门协同发展旅游的协同机制、旅游市场营销"政府主导、社会参与、市场运作"的运行机制取得一定成效，但今后仍需不断完善。总体上，尚未形成全市"大旅游管理"的良好氛围。

2. 旅游产品供给有待优化

常德市旅游产业发展在供给侧方面仍存在明显短板。常德市实施了桃花源景区整体升级，创新水上公园、实景演出、主题街区等产品，丰富了产品供给类型，填补了旅游供给方面的空白，成绩突出。但是地域特色文化挖掘、科技文化创新运用与旅游产业发展融合不紧密，大投入形成的旅游产品更多带有基础色彩和框架色彩，精细的服务设施和贴心的服务方式生活化、体系化缺乏，衍生的旅游业态仍需丰富。常德市旅游存在好玩度不足、吸引力不足、消费力不足等问题，旅游产品开发无法满足大众化、多元化、个性化的市场消费需求。创新旅游服务内容，丰富旅游业态，强化旅游体验，是旅游精品体系建设的重要方向。大型旅游节事活动的举办，虽然火爆了部分旅游景点，带来一定的人气和消费，但存在"节事高潮"效应。由于旅游精品体系未能如愿贴近人民群众需要，品牌建设难度加大，大规模市场营销、精准营销，未能得到旅游产品供给的有效支持。

3. 旅游市场主体有待壮大

常德市旅游产业培育机制尚未建立，企业引入、投融资平台、发展政策等制度有待完善。目前，常德市旅游产业整体发展仍以政府投资为主，市场主体数量偏少、规模较小，领军企业集团和知名品牌机构不多，中小微企业活力不足，企业创新和核心竞争力不强，产品附加值较低，产业延伸链较短。

(三) 产生原因

1. 区位尴尬

高速交通日益发达，常德市区位、交通条件不断变化。20 世纪 80 年代，桃花源景区作为长沙与张家界旅游线路上不可缺少的中转站，以突出的文化旅游资源，成为深受欢迎的旅游目的地。现今高速公路网不断完善，张家界、凤凰古城等旅游品牌特色和影响力凸显、产品体系成熟，桃花源景区旅游产品显得老化，加上多种不利因素的叠加，桃花源景区在旅游者心中的必游需要下降，其旅游吸引力受到极大冲击。区位的局限性越来越明显，常德作为湖南省仅剩的 3 个没有高速铁路连接的市级行政区之一，无法有效实现与长株潭客源市场同城化，而确保城市休闲娱乐业客源的强大支持。尽管城市旅游产品开发力度大、品质好，但是市场热度仍然不理想。作为高速公路连接的常德市，在长沙与张家界、凤凰的火爆线路中成为快速通过的"廊道"，在长沙到常德的线路中遭遇高速公路的高度繁忙路段，引发经常性交通拥堵，而成为心理距离"偏远感"明显的城市。交通区位的尴尬处境，影响了常德旅游业高水平、高效益的品质化发展。未来高速铁路的建设，常德与长株潭城市群的同城化发展，将改变其区位特征。

2. 人才缺乏

人力资源是重要的生产力要素，在常德市全域旅游发展工作日益推进中，出现了任务重、压力大、人才不足和现有人才队伍不足以全面解决新时代出现的新问题。旅游部门、旅游企业的干部这一"关键少数"，面临着全新的挑战，部分干部专业素质并不十分符合新时代全域旅游发展的高要求。客观上，旅游管理部门和旅游企业的人才队伍的年龄、文化、专业技能等结构性矛盾比较突出，表现出优化的需要。同时，旅游业的专业技术人才、专业服务人才，也表现出短缺现象，人才成为明显局限。常德市重视旅游专业人才的引进和培育，一方面随着旅游业发展对人才需求的要求不断变化，人才获取显得缺乏；另一方面部分有经验的专业人才也开始退休、工作岗位变动，新进人才工作经验还有待积累。在常德市全域旅游发展实践中，人才制约十分明显，无论是政府管理部门，还是旅游企业，各类人才都十分缺乏。尤其是在乡村旅游目的地，人才缺乏现象更加严重。

3.资金有限

发展全域旅游是一项需要大量资金投入的工作。近几年，常德市各级党委、政府投入大量的资金健全完善旅游基础设施、服务设施，且在公共服务设施建设项目资金安排上，优先考虑全域旅游发展的需要，但与全域旅游发展的要求还存在很大差距。从产业项目投资角度看，旅游业属于长线投资，短期内收益难以显现，这就意味着招商引资的难度加大。因此，资金问题将成为较长时间内制约常德市旅游发展的一个重要因素。

三、发展展望与建议

(一)发展展望

1.全域旅游创建进一步深化

第一，全域旅游综合协调机制进一步探索。下一阶段，常德市全域旅游发展体制机制将进一步探索，成立党政统筹的全域旅游发展领导小组，并成立创建办公室；把旅游工作纳入政府年度考核体系，并成为主要考核指标。抢抓常德市文化旅游广电体育相关管理职能融合的有利时机，促进文化旅游广电体育的深度融合发展。同时，针对全域旅游发展综合性强、涉及面宽的具体情况，探索建立各部门协同攻关机制，及时解决跨部门问题，统筹产业融合发展事宜，使部门间协调更顺畅，形成工作合力。进一步建立健全旅游综合管理模式，探索建立综合执法机制，强化涉旅部门联合执法，与相关监管部门协调配合，各司其职，形成既分工又合作的工作机制，全面提升依法治旅水平。各级文化和旅游主管部门将全面承担起旅游资源整合与开发、旅游规划与产业促进、旅游监督管理与综合执法、旅游营销推广与形象提升、旅游公共服务与资金管理、旅游数据统计与综合考核等职能，营造全域旅游发展的浓厚氛围。

第二，全域旅游示范区创建取得初步成果。以加快全域旅游示范区创建为抓手推进全域旅游，创建一批国家 AAAA 级景区、AAA 级景区，五星级、四星级乡村旅游区(点)是常德市旅游发展的必然趋势。石门作为首批全域旅游示范区县，将迎来验收审核，常德市将全力支持石门县按照验收要求全面完成创建任务，并大力支持其他县市区申报国家全域旅游示范区或省级全域旅游示范基地，打造成全市全域旅游创建的样板，带动常德市全域旅游发展。

第三，旅游基础设施建设进一步发力。下一阶段，常德市将进一步加大财政对旅游基础设施建设的支持力度，将继续加快高速公路匝道口、节点城镇的路网建设，切实改善进入乡村旅游重点区域的可进入性和通达性。设立全市乡村旅游扶持引导资金，扶持乡村旅游重点村的游客中心、停车场、标识标牌等设施建设，为游客提供更加方便的出行游玩条件。完善柳叶湖、桃花源一级旅游集散中心功能，推进城头山、夹山、清水湖二级旅游集散中心建设，启动实施一、二级集散中心至重要景区景点的旅游巴士通畅工程。实施智慧旅游工程，建好旅游综合管控平台，实现涉旅场所免费 Wi－Fi、通信信号、视频监控、智能导游、电子讲解全覆盖。进一步推进实施"厕所革命新三年"行动计划，重点围绕市城区、旅游景区、乡村旅游区(点)、旅游集散场所、高速公路沿线，进一步完善全市旅游厕所建设。

第四，城市休闲旅游进一步出彩。下一阶段，常德市将加速推进中国旅游休闲示范城市创建，特别是乘着文旅深度融合的东风，在文化创意和旅游休闲的结合面上，全面丰富河街、老西门、德国街、万达广场等城市旅游休闲业态，提升休闲服务产品品质，强化时尚品格，制造新鲜话题，打造成为中国新的"网红"焦点。

2.旅游管理水平进一步提升

第一，安全监管进一步强化。加大对旅游企业安全生产隐患排查、产品安全风险评估及安全预案、安全培训、应急处置、经营行为等监督检查工作，确保安全生产落到实处。高度重视安全监管，实行常态联合执法。全面落实旅游安全事故隐患排查治理"一单四制"制度，签订责任状，联合有关部门组织开展常态化专项检查与整治活动，深入开展以打击低价游行动为重点的旅游市场综合治理和执法检查活动。同时，建立常德市旅游紧急情况处理机制、公布旅游求助或投诉电话。

第二，旅游市场秩序进一步规范。开展"零负团费"专项整治，联合有关部门开展全市"黑社""黑导""黑网站""黑车""黑店"等问题的专项整治活动，建立失信旅游企业和游客不文明行为的"红黑榜"制度。

第三，旅游统计工作进一步规范。按照全域旅游发展要求，进一步加强旅游统计的规范性，确保旅游统计指标的完整性和数据的可靠性。在统计指标的完善上，注入常德特色，使旅游统计工作能更好地满足全域旅游发展的需要。

3.旅游市场主体进一步壮大

第一，引进投资主体。强力推进项目建设，推进投资主体多元化。支持各类投资主体投资，引进国内知名品牌投资各类旅游项目。

第二，壮大经营主体。鼓励和培育旅游业经营主体，支持旅游景区、旅游住宿业、旅游餐饮业、旅游娱乐业发展壮大，将符合条件的旅游企业和项目纳入国家和省支持服务业、新农村建设、扶贫开发、节能减排、生态文明建设等专项资金的范筹，实现优先发展。

第三，培育多元主体。鼓励培育各类旅游经营主体，特别是鼓励和支持各种规模和类型的经营主体参与乡村旅游发展，创新乡村旅游发展模式，鼓励农民利用闲置资产参与旅游开发，培育农民的经营意识，为乡村振兴贡献力量。

4.区域旅游品牌进一步鲜亮

增强品牌意识，准确定位区域旅游品牌，增强常德市旅游吸引力。一方面，常德市文化旅游产业发展规划应以整体性的产业布局、功能分类、健全的措施和保障体系为主要内容，强调旅游产业发展要充分突出"锦绣潇湘·亲亲常德"的旅游品牌内涵，因地制宜地推出地方化、生活化、体验化、精品化的旅游产品体系，铸造独特的旅游吸引力。另一方面，整合旅游资源，要着力打造旅游精品线路，有效组织好 31 个国家等级旅游景区、9 个省级工业旅游示范点、7 个省级红色旅游示范点、68 个乡村旅游点的整体联动，形成一系列的旅游资源群，网络化、立体化推进全域旅游的发展。同时充分发挥4 个省级旅游名镇、15 个省级旅游名村的作用，用培育全域旅游基地的思路，促进旅游业的稳健发展。

下一阶段，旅游市场营销工作将以"旅游营销提质年"为主题，以"四大一小一微"（即打造大产品、畅行大交通、构建大联盟、实施大奖励、推行小分队、注重微宣传）为核心，以活动营销和融媒宣传为侧重点，以创意开发推广媒介为辅助，推动旅游产业链企业整体联动、共同发力，实现旅游市场人气激增、"桃花源里·中国常德"旅游品牌形象深入人心的"双赢"目标。力争全市旅游景区接待人数较上年增长 15% 以上，全市接待市外旅游团队人数翻番，全市接待入境旅游团队人数增长 15% 以上。尽快出台《常德市旅游市场营销三年行动计划》，拟定常德市旅游整体营销工作专项资金使用计划，形成系统化的行动方案。在巩固长株潭城市群与邻近省份等已有客源市场的基础上，拓展武汉城市群、昌九城市群、长三角城市群、珠三角城市群和港澳台的潜在客源，积极打造一批跨区域联动精品游线路。继续强化区域旅游联盟的作用，联手组织举办重大区域营销活动，积极融入张家界、凤凰旅游业发展的热点圈，取得旅游市场营销新突破。进一步优化《常德市全域旅游护照》策划发行工作。建设旅游营销图片与视频数据库，强化营销人才培训工作，争取旅游市场营销的进一步胜利。

5.行业服务水平进一步提升

结合旅游人才培养全力提升行业服务水平，进一步开展旅行社、涉旅饭店、旅游景区(点)、导游服务质量大提升行动。抓好旅行社服务质量和信誉等级评估工作、星级饭店的评定和星级复核工作、等级景区复核工作。切实加强行业自律,动员旅行社协会、旅游饭店协会、景区协会、导游协会落实行业优秀标准,组织开展各类技能竞赛,扎实开展"全市十佳优秀旅行社""全市十佳旅游接待示范饭店""全市十佳旅游接待示范景区(点)"和"全市十佳优秀导游"评选,以竞赛和评先评优活动促进行业服务质量大提升。

6. 旅游新兴业态进一步丰富

深入贯彻《常德市推进产业立市三年行动文旅康养专项小组2019年工作计划》,推动文化、旅游、体育、康养四大产业融合发展,大力培育旅游新业态。完善研学旅行产品体系,推进澧县城头山、汉寿花果山等研学旅行基地建设,提升红色旅游革命教育产品品质,加快林伯渠故居、帅孟奇故居等红色旅游景区建设,促进红色旅游资源的合理开发与利用,擦亮常德红色品牌,创新红色旅游教育方式,讲好常德红色故事。制定并出台《常德市旅游民宿管理办法》《常德市旅游民宿发展专项资金管理办法》,扶持建设一批具有地方特色和乡村风情的旅游住宿设施,规范旅游民宿经营行为,促进旅游民宿经济持续健康发展。加快建设自驾车房车营地,推广精品自驾游线路,协调推进通用航空选址布点建设,积极发展游艇游船、低空旅游,开展滑雪、登山、汽车越野、水上运动等项目,推进全民健身中心、康复养老中心、森林康养基地等康养项目建设。结合全域旅游发展乡村旅游,实施"乡村振兴战略",引进精品民宿、乡村客栈、创客乡居、家庭农场等新业态进入农村,打造乡村旅游精品,建设一批特色鲜明、要素齐备、吸引力强的特色乡村旅游产品,构建美丽乡村旅游风景线。

7. 旅游扶贫实现全面决胜

常德市旅游扶贫已经取得全面胜利,下一阶段将持续深入推进乡村旅游在稳固扶贫成效中的特殊作用,进一步推进乡村旅游由扶贫到乡村振兴的转换。继续做好乡村旅游培训,突出旅游扶贫效果的稳固,全面实现乡村旅游对经济社会发展贡献的升级。

（二）发展建议

1. 准确把握全域旅游发展的科学内涵

全域旅游是一种创新发展理念，常德市旅游发展要在全域旅游创建实践中不断完善，逐渐形成共识。中国共产党湖南省第十一次代表大会确定的以"锦绣潇湘"为品牌的全域旅游基地建设战略，是关于全域旅游发展的一个重要理论贡献，极大地强化了全域旅游发展的可操作性。党的十九大的胜利召开，标志着中国进入了中国特色社会主义新时代，新时代旅游业的发展要有新作为新贡献。

常德市全域旅游的全面发展，要密切关注国务院与文化和旅游部的最新文件精神，特别是全域旅游示范县的创建，要遵循国务院办公厅印发的《关于促进全域旅游发展的指导意见》作决策。同时要细致学习文化和旅游部出台的《国家全域旅游示范区验收、认定和管理实施办法（试行）》和《国家全域旅游示范区验收标准（试行）》，结合湖南省委、省政府以"锦绣潇湘"为品牌的全域旅游基地建设这一战略部署，把建设旅游强省的目标落实到建设旅游强市和旅游强县的一系列举措当中，加快把常德市培育成为湖南省建设全域旅游基地新的增长极，打造成以"锦绣潇湘·亲亲常德"为品牌的国内外知名休闲度假旅游目的地。进一步解决旅游行业有效供给不足、市场秩序不规范、体制机制不完善等问题，统一规划布局、优化公共服务、推进产业融合、加强综合管理，开启全域旅游发展的新时代。

2. 科学保障全域旅游发展的供需平衡

按照全域旅游发展要求，从旅游客源地需求的角度重新审视旅游目的地项目建设，坚持把旅游规划、旅游项目、旅游投融资和旅游市场整合营销紧密结合起来，严格科学预测市场趋势，以创新的理念和思维、创新的方法和举措，高起点编制旅游规划，高水平策划重大旅游项目，高质量推进旅游精品线路开发，确保旅游业持续健康发展。

紧紧围绕服务提升人的价值研究部署旅游工作，贴近客源需求不断创造新供给，实现旅游市场细分化、旅游产品特色化、旅游营销专业化和旅游服务规范化。突出打造一批旅游核心吸引物，推动旅游业与相关产业融合发展，辐射带动全域旅游的平面空间、立体空间和虚拟空间协调发展。突出关注旅游者的新需求，以融合创新的思维、跨界联动多部门、多领域、多产业增加旅游有效供给。

3.统筹推进全域旅游服务区域协调发展战略实施

充分挖掘和放大湖南省"一带一部"区位优势，主动对接融入"一带一路"和"长江经济带"等国家战略，利用旅游业开放性、国际化特点，把旅游宣传促销统一纳入常德城市整体形象对外宣传的总体战略，以"锦绣潇湘·亲亲常德"总体形象为核心，全面开展整体营销。坚持"走出去"与"请进来"相结合，进一步健全完善旅游整体营销机制。加强与境外主要客源地合作，联合开发一批资源品位高、品牌形象优、核心吸引力强的国际旅游精品和旅游线路。

充分发挥常德市处在长江经济带上的优势，利用好紧邻武汉、长沙、南昌"中三角"城市群的区位优势，推进"旅游+城镇化"的综合发展，突出"旅游景区—旅游城镇—旅游通道"三大环节的统筹规划，建立"多规合一、统规分建"的规划工作机制，着力打造"长常张旅游走廊"。

建立常德市与湘西州、张家界、湖北荆州以及湖南省各地市的旅游合作关系。通过签署旅游区域协议，共同开发旅游产品，联合搭建旅游平台、旅游营销服务平台、旅游航线开发平台、旅游管理服务平台、旅游信息统计平台等五大平台，建立旅游客源互送、区域信息共享、联合招商引资、连锁经营、人才培养、安全救援、生态环境保护和旅游投诉受理等合作机制，形成区域旅游开发合力和区域品牌一体化的发展新格局。

4.统筹推进全域旅游服务乡村振兴战略实施

全域旅游发展重点工作之一就是促进乡村旅游大发展，而乡村旅游又是有效推进乡村振兴战略实施的抓手。乡村旅游的消费主体是有较高文化素养、审美品位和较强消费能力的城市中青年人群，要通过乡村旅游实现城乡融合发展，加快培育一批乡村旅游创客基地和旅游创客群体，充分挖掘透着乡情、乡俗、乡恋、乡愁的原生地域文化，将传统民俗与时尚创意完美融合，发挥乡村"绿水青山"优势，将其尽快转化为"金山银山"，推动乡村文化振兴、人才振兴、组织振兴和产业振兴协同并进。

5. 协同促进文化旅游的深度融合发展

文旅融合发展是新时代背景下满足人民群众对美好生活向往的必由路径，更是国家深化改革过程中推动文旅产业事业高质量发展的创新抓手。常德市文化、旅游、体育资源丰富，常德文旅康养千亿产业新征程早已揭开文旅体融合发展的大幕，扎实探索文化、旅游和体育最大、最佳的连接点，铸造常德特色的旅游业品牌，是未来几年的重要工作。把历史文化与现代文明融入旅游经济发展之中，使旅游成为宣传灿烂文明和现代化建设成就的窗口，是文旅融合发展的目标。坚持文物、文化、文艺与旅游深度融合，张扬文化特色，活态传承传统文化，创造喜闻乐见的产品，是文旅融合的基本途径；结合健康中国战略，大力促进体育旅游融合发展，不但做好大型体育节事活动，更让体育成为高品质的旅游产品，尤其注意发掘民间体育游戏资源，做好产品化创意；充分发挥广电在旅游发展中的宣传造势作用，不但让生动活泼的文旅体育内容成为很好的广电节目内容，更让广电节目成为文旅体育品牌塑造的阵地。同时，旅游业也应该跨界融合，发展成为一、二、三产业的综合体。常德旅游发展要在旅游文化产业与健康养老养生产业发展、地域特色产业发展的融合上形成大突破，还需进一步发挥旅游业的拉动力、融合力以及催化、集成作用，为相关产业和领域发展提供旅游平台，插上"旅游"翅膀，形成新业态，提升其发展水平和综合价值。

6. 全力推进文化旅游人才培养工程实施

随着全域旅游发展的进一步推进，常德市旅游人才的需求量必将增加，同时全国旅游业的大发展也使得各地普遍出现人才紧缺状况，因此，实施文化旅游人才培养工程，才是解决问题的根本出路。亟需加大旅游教育投入、加快建立高等院校与职业技校同时并举的旅游人才培训体系，着力培养一批业务素质过硬、熟悉国际惯例、经验丰富的中高级旅游人才，完善岗位培训制度、提高在岗人员素质，实行全员持证上岗制度，制定优惠政策，调整和优化人才结构。

II 专题报告

B.2 2018年常德市旅游景区发展研究报告

常德市委、市政府一直高度重视景区建设,旅游景区作为旅游业的重要支撑,在全域旅游发展理念的推动下,逐渐呈现出"个性化、标准化、轻资化"的特点。截至2018年底,常德市拥有等级景区31家(图2-1),其中国家AAAA级景区9家,AAA级景区20家,AA级景区2家。2018年,常德市发展一切可以发展的力量,着力进行旅游景区(点)的建设,并取得了可喜的成绩。

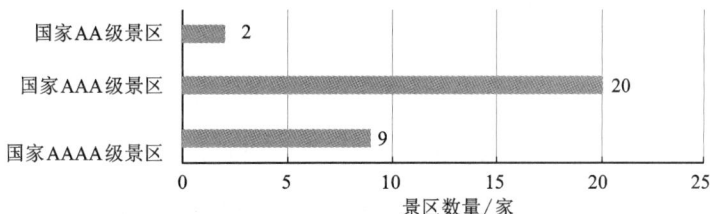

图2-1 2018年常德市等级景区数量

一、常德市旅游景区发展情况

(一)领导重视,形成合力建景区

常德市委、市政府高度重视旅游景区建设和创建工作,主要领导多次主持调研座谈,深入柳叶湖旅游度假区、澧县、桃花源旅游管理区等旅游景区进行现场调研和现场办公,为项目建设解决难题;各部门形成了协同建设旅游景区、上下齐心发展全域旅游的氛围，2018 年旅游景区建设取得了重大突破。

（二）提质增效，形成氛围创品牌

重视等级旅游景区创建工作和自觉提质工作，2018 年创建成效显著。桃花源国家 AAAAA 级旅游景区创建，国家文旅部进行了现场调研，已通过国家景评委景观质量评定；城头山国家 AAAAA 级旅游景区创建，已通过省景评委景观质量评定；柳叶湖国家级旅游度假区创建，作为全省唯一创建单位被推荐至国家文旅部；西湖管理区的德人牧业旅游景区、澧县的天供山旅游景区、津市市的药山旅游景区、临澧县的福船旅游景区创建成国家 AAA 级景区；建成津市市绿野青苗旅游产业有限公司、桃源县家菜园生态农业发展有限公司、桃源县岩吾溪富硒茶叶观光园、鼎城区大毛客栈、临澧县鼎益生态农庄、临澧县南林地生态家园、石门县仙湖半岛度假村、汉寿县朱家铺镇水云轩山庄、武陵区河洑镇昌龙火龙果采摘基地等 9 处省级五星级乡村旅游区（点）；建成澧州涔槐国家湿地公园 1 处；林伯渠故居创成湖南省首批红色旅游教育基地。同时，加快湖湘风情文化旅游小镇、旅游精品线路重点县等特色旅游品牌的申报，培育更多的特色旅游品牌。

（三）厕所革命，公共服务上台阶

注重旅游景区景点的基础设施与配套设施建设，在公共服务上下功夫，出台《常德市"厕所革命"三年行动计划》，全面实施《常德市旅游厕所建设管理实施方案》，致力"厕所革命"。2015、2016 年连续两年被国家旅游局表彰为"全国旅游厕所革命先进市"。2018 年加大资金支持力度，重点指导景区景点星级旅游厕所评定，探索开展旅游厕所社会化管养实践，并取得了突出成绩。一是加强了与市公路局、环卫处等部门工作对接，全年新改建旅游厕所 106 座，超额完成任务目标 20%，厕所建设数量居全省前三；二是规范了旅游厕所建设管理，组织完成了 2015 年以来新改建的 500 多座厕所位置定位和现场图片信息上传工作；三是积极争取旅游厕所建设补助资金 505 万元，争资额度在全省排第四位。

（四）融合发展，项目建设开新花

以"一个项目就是一个新的增长点，一批项目就是一个新的增长极"为发展思路，高度重视景区项目建设，并注重产业融合、创新发展。华侨城常德卡乐星球完成主体工程建设，新型游乐项目将形成巨大吸引力；桃源热市温泉康养综合开发项目取得重大突破，柳叶湖婚庆产业园项目主体工程完成，桃花源旅游区的山水实景演出项目实现提质升级，桃源工博物馆文化底蕴挖掘深入；城头山旅游区加快青少年拓展基地和城头山风情小镇建设，启动澧阳平原史前遗址群世界文化遗产申报工作；石门夹山游客中心及部分景区改造提质提升明显；完成临澧开泰山汽车露营公园的建设。体育与旅游融合发展出现良好开局，建成武陵区全民健身中心及津市五环时代全民健身中心并使用，旅游休闲与全民健身运动实现良好结合。特色旅游小镇稳步发展，壶瓶山旅游区推进壶大旅游公路景区入口建设，完成壶瓶山小镇等基础设施建设；初步完成稻野寻香主题公园、灵犀茶油文化小镇森林康养基地、太阳山森林特色小镇等重点项目的建设。

（五）招商引资，市场主体多元化

把招商引资作为培育市场主体的重要手段。石门县主攻脱贫攻坚，"打开山门笑迎宾客"，利用独特的生态优势、资源优势、政策优势和环境优势坚定不移地实施"开放强市、产业立市"战略，营造浓厚的尊商重商、爱商护商、稳商富商氛围，先后吸引了藏格集团、正大集团、香港英皇等一大批知名企业到石门县投资，招商引资、项目建设呈现强劲势头。2018年，石门县引进内资超400亿元、外资8 500万美元，签约亿元以上项目27个。桃花源旅游管理区牵手东方资产管理（中国）有限公司，共同建设经营"东方文旅"桃花源文旅示范区项目，同时与深圳市天遐众成实业投资发展有限公司正式签约，完成"熙月小镇"的建设。花岩溪国家森林公园与东方园林集团洽谈投资开发项目等，打造多元化的旅游市场营运主体。华强方特集团投资柳叶湖，致力建设最具影响力的动漫品牌——"熊出没"动漫场景，形成独特的文化旅游产品。

（六）创新发展，景区业态多样化

常德市旅游部门高度关注旅游消费行为快速变化的趋势，鼓励和指导旅游景区积极推进文旅融合发展，创新旅游景区业态结构。柳叶湖旅游度假区在中心景区大力发展精品民宿及综艺表演项目，将柳叶湖美丽景色、常德以非物质文化遗产为主体的民间综艺瑰宝结合起来，并进行特色化整合，深得市场喜爱；在饮食文化上大做文章，推出多款菜肴，让常德美食锦上添花，业态组织自然而精美。东山峰景区依托万亩茶园建设"茶山花海"旅游项目，依托高山集镇打造"天上街市"度假小镇，并在此基础上开发"高山梦幻滑雪场"，将东山峰打造成以休闲、避暑、度假为特色的"东方阿尔卑斯山"，业态格局特色明显。福船旅游景区以停弦古渡历史文化和流传千古的司马相如和卓文君的爱情故事为背景来吸引游客，以湿地旅游度假公园为主题，先后开发了农家乐餐饮、游客接待中心、户外拓展、跑马场、空中滑索、水上乐园、儿童游乐场、8D影视主题乐园、皇家猎场、画舫游船游艇、篝火烧烤晚会等项目，满足不同需求的旅游者，经营效果较好。

（七）规范管理，景区秩序有序化

构建旅游景区动态管理机制。一是抓协会，放宽市场准入门槛，规范行业协会发展，积极发挥协会联系旅游企业的纽带作用，充分授权、强化服务、从严监管，推动行业协会健康发展。二是抓统计，引进"旅游增加值"考评方法，加大旅游统计专业人才培养，建立规范化的旅游统计体系。三是抓安全，强化旅游安全生产属地管理和主体责任，开展旅游安全和市场整顿利剑行动；建立重大事故隐患"一单四制"制度，开展"平安景区"创建活动，坚决遏制重特大旅游安全事故发生。四是抓满意，开展满意旅游测评工作，委托专业机构、行风监督员、旅游从业者、大众游客重点对旅游服务质量进行综合评价。柳叶湖制定了夏季景区道路交通管理工作方案，成立景点巡逻小队，采取"白加黑""5＋2"的勤务模式，白天加强巡逻管控，夜间加强车辆疏导，劝导轻微违法行为，及时为游客提供帮助。同时严厉打击超员、超载、非法载客等违法行为，做好突发情况的应急处置工作，确保旅游高峰期辖区主要道路安全、畅通、有序。

二、常德市旅游景区现状评述

(一)突出经验

第一，统筹规划，一张图纸干到底。立足于《常德市旅游总体规划》《常德市旅游业发展"十三五"规划纲要》等，先后指导各县(市、区)完成旅游业发展的调查研究，编制了旅游业发展"十三五"规划纲要，形成了《桃源县"十三五"推进旅游强县发展战略研究》《武陵区旅游业发展"十三五"规划纲要》《鼎城区旅游业发展"十三五"规划纲要》《安乡县旅游业发展"十三五"规划纲要》等体系化的成果，同时指导完成中期评估；指导编制《武陵区乡村旅游发展企划》《安乡县旅游业发展总体规划(2011—2025)》《湖南常德桃源县全域旅游总体规划》等；督促各县(市、区)对总体规划进行编制与修订，不断补充完善规划体系，强调多规合一、规划的科学性和可操作性，严格评审制度。在此基础上强调规划的严肃性和权威性，确保一张图纸干到底，确保旅游业发展决策的连续性和连贯性。

第二，整合力量，公共服务全覆盖。大力推进"厕所革命"，动员各部门合力推进配套建设。协调交通、交警等有关部门做好旅游交通标志牌工作，保障在市城区重要旅游标示牌设置的全覆盖，全市重点景区、重要路段旅游交通标志牌基本安装到位。完善集散咨询服务体系，提升全域旅游集散中心建设和社会影响力，规划在商业街区、交通枢纽、景点景区等游客集聚区设置旅游咨询服务中心。大力发展智慧旅游，要求各县(市、区)和国家 AAA 级以上重点旅游景区加快智慧旅游平台接入系统建设，形成智慧景区体系。

第三，文旅融合，产品设计出新招。文化旅游发展是旅游业水平提升的一种体现，既满足了社会公众对文化的需要，也顺应了国家精神文明建设的要求。近年来，常德市挖掘旅游文化内涵，促进文旅融合，形成新型旅游产品。桃花源山水实景演艺震撼上演，交出一份靓丽答卷；穿紫河历史文化街区与湖南省演艺集团合作，推出全新的文化旅游产品，形成巨大吸引力。常德市不少景区与民俗的融合、互动与体验交织，酒歌、竹竿舞、猜新娘、山歌对唱、乐队演唱等民俗互动与表演，大型民族歌舞演出以及篝火晚会，彝族歌舞、毕摩祈福等人气节目，进一步丰富了游客的深度体验，让文化变为更加亲近可触。

第四，立体整合，精准营销新思路。重视和支持景区营销，多种手段整合营销。注重事件营销，策划主题营销事件，积极策划举办旅游节庆活动，指导区县举办特色旅游活动，在央视重点频道黄金时间推出常德旅游宣传画面，持续营销常德旅游形象。重视电视媒体宣传，桃花源、柳叶湖、穿紫河等旅游资源、旅游品牌多次亮相《新闻联播》《城市1对1》《直播长江》《消费主张》等栏目。注重通达迎客，紧抓开拓航线城市，巩固拓展传统客源地；在北京、上海、广州、深圳、海口、昆明等全国重点直航城市，开展旅游线路产品专场营销。注重区域联合营销，充分利用常张凤旅游"金三角"联盟组织区域联合营销，开展产品线路精准营销。注重旅行社的客源组织作用，组织景区加大与长株潭旅游企业和大型旅行社对接，积极在省内重点城市推介常德旅游。推出系列优惠活动营销，常德河街推出小火车免费坐等福利活动，石门县推出夹山景区、龙王洞景区、壶瓶山大峡谷景区门票5折优惠。

第五，产业融合，业态创新成大器。积极促进旅游业融合发展，推动业态创新。以全域旅游为新理念，立足培育新业态，推进旅游融合工程，形成了独具特色的"旅游+城市""旅游+乡村""旅游+扶贫""旅游+体育"等融合发展模式，在产业结合处不断涌现新业态。

(二) 主要问题及其原因

第一，体制机制的创新跟不上新时代的新要求。旅游景区管理体制机制的创新是重要问题。旅游景区政策性强，一直存在九龙治水的状况。2018年，党中央对国家部委机构作出调整，按照机构改革实践表，常德市在年底完成改革。本轮机构改革对旅游景区管理体制和机制有较大调整，明确了国家保护地体系管理制度，强调资源和生态保护，体现绿色发展理念。同时，对于完全市场化运行的旅游景区，应突出市场意识，让市场配置资源。

第二，公共服务的配套跟不上新时代的新要求。旅游景区如何品质化发展、主客共享的旅游公共服务体系不够完善、游客市民服务没有均等化是新时代需解决的问题。常德是旅游公共服务水平较高地区，但仍然存在一些问题：部分景区（点）休息驿站缺乏、绿道建设不足；通信设施通达率低、互联网还未完全覆盖全域，限制了旅游与互联网智慧平台的融合；公共服务建设用地不足且不均衡，居民与旅游者共享空间的矛盾仍然存在；集散咨询服务体系不完善，尚未遍及各个商业街区、交通枢纽、景区景点等游客集聚区。

第三，景区品牌的建设跟不上新时代的新要求。常德市旅游景区文化底蕴深厚，近年来大力推进旅游精品景区产品建设，形成了较完整的旅游产品体系。但景区精品从建设成功到树立品牌的过程较长，景区品牌需要时间沉淀。文化底蕴深厚的旅游景区，品牌建设过程中更需要更多创新才能达到满意的效果，加大了旅游景区品牌建设的难度。例如桃花源景区品牌，要形成强大的号召力、统治力、影响力，需要更多的努力。旅游景区的品牌建设，需要大力实施常德品牌行动，提升"常德品牌、中国品质"影响力。

三、发展对策与建议

（一）找准突破口，力促景区景点体制机制改革创新

常德市景区景点体制机制改革创新势在必行，在取得阶段性成果的基础上进行积极探索并大胆实践，迈出实质性的改革步伐，首先要明确目标，推动旅游业的提档升级。将推动旅游景区景点体制机制改革创新作为改革的重点，通过理顺管理体制、经营机制和各种利益关系，不断激发市场主体活力。对于国家保护地类景区，坚决以保护为主、以绿色发展为导向，严把适度发展关；同时主动承担社会责任，承担科普教育职能，支持中小学社会实践课程教学。对于市场化景区，应尽快实现与市场全面接轨，按照市场规律进行市场化运营，积极与全国知名大集团、战略投资者以及专业化管理团队对

接，架起景区与市场接轨的桥梁。

(二)提升品质，扎实推进旅游公共服务建设

关注景区景点品质化发展，将景区作为质量强市战略的重要工作内容，全面完善主客共享的旅游公共服务体系。改善公路通达条件，启动全市通景公路建设，彻底解决"最后一公里"问题。围绕全域桃花源精品旅游线路建设计划，从旅游服务驿站、旅游厕所、标识系统、旅游营地、旅游风景道环境美化、沿途建筑风貌改造等进行布局安排与建设。推出"桃花源驿站"建设计划，从自驾、骑行、徒步、旅游商品、信息服务等多角度出发，让其成为常德旅游公共服务建设亮点，布局全市。启动"常德全域桃花源智慧旅游服务"建设计划，使常德旅游服务全面升级。完善智慧旅游平台建设，打造旅游行业监管平台、旅游咨询服务平台、旅游电子商务平台、"旅游云"平台、智慧景区(点)平台、旅行社信息化平台、旅游酒店信息化平台、旅游信息化新技术应用平台。鼓励支持乡村旅游环境与公共服务建设，打造智慧旅游乡村。

(三)统筹谋划，夯实旅游景区品牌建设

统筹谋划，不断总结旅游景区建设经验，继续注重旅游景区的个性化、标准化、轻资化发展，打好文化牌、土地牌、政策牌、运营牌，实施旅游景区品牌工程。旅游景区品牌是特殊的无形资产，要形成高度差异化、清晰明确、易感知、有包容性和能触动感染游客内心灵魂世界的景区品牌价值。确保旅游景区品牌资产，要全面提升景区知名度、美誉度、忠诚度、推荐度、捍卫度。景区品牌建设，必须进一步挖掘景区核心资源、加强各类相关企业的战略合作，实现可持续发展。

(四)培育主体，注入旅游景区发展活力

大力培育壮大旅游景区投资主体，全力引进国内知名品牌投资常德精品项目。大力培育壮大旅游景区经营主体，支持经营主体的各项经营活动有序展开，对于经营绩效良好的给予全域旅游发展促进奖励。大力培育壮大旅游

景区服务主体，围绕旅游景区的服务需要配套发展，依托旅游渠道和资源优势，联手打造航空＋旅游、文化＋旅游、产业＋金融的创新发展平台，探索发展新模式，推动双方优势资源充分融合，实现"1＋1＞2"的能量和效应。

(五)融合发展，培育旅游景区业态繁荣

全域旅游发展理念，是将旅游看成一种新的生活方式，从生活细节上，推进"旅游＋"和"＋旅游"，让旅游新生活拉动旅游跨界融合，孕育旅游新业态。充分发挥常德市的水资源优势，结合海绵城市建设、穿紫河治理等项目，以全域旅游为理念，立足培育新业态，推进旅游融合工程，形成独具特色的"旅游＋城市""旅游＋乡村""旅游＋扶贫""旅游＋体育"业态。大力发展文化创意产业基地、健康养生基地、研学旅行基地、体育旅游基地、探险旅游基地、旅游装备制造基地、科普旅游基地，积极培育自驾车房车营地、低空飞行、邮轮游艇、康养旅游、老年旅游、特色民宿、购物旅游、体育旅游、研学旅游、户外探险游、休闲度假等新业态产品，确保旅游业态繁荣。

(六)整合营销，巧构旅游营销系统

鼓励旅游景区从战略上系统谋划营销工作，积极参与常德旅游市场营销战略行动，围绕"桃花源里，中国常德"旅游品牌进行整合营销。鼓励应用新媒体手段营销，针对"80后"、"90后"、"00后"策划一系列创意的网络、微信等营销事件或话题，从微营销角度巧妙推广。全面使用视频、画册、宣传页、地图、网站、App、短信、宣传口号、照片、歌曲、微信平台、吉祥物、主要纪念商品、故事、游记等方式，形成完整的营销体系。根据自身特点确定重点营销方案，采用线上线下方式营销，致力于品牌塑造、产品建设、市场开发、渠道拓展、活动促进、创意助推等营销行动。

(七)招育结合，建设旅游景区人才队伍

致力于打造高技术的旅游人才队伍，将其纳入全市各级人才队伍建设规划，坚持向外招聘引进和内部培养提拔相结合，不断扩大规模，优化结构，提升质量。适应旅游产业结构优化升级的要求，以提升职业素质和技能为核心，培养门类齐全、技艺精湛的高科技人才队伍。依托景区协会，举办等级景区管理培训，不断提升景区工作人员综合素质。遴选旅游业青年专家，资助开展课题研究、决策咨询等内容，培养、储备高层次景区管理人才。通过政府津贴、事业编制、优先提拔、重点扶持等形式，加大景区信息技术人才引进力度。以乡村旅游干部、带头人、乡村旅游能工巧匠传承人、经营业主为重点，培育一支服务农村经济社会发展、数量充足的乡村旅游实用人才队伍。

B.3　2018 年常德市旅游住宿业发展报告

旅游住宿业是旅游业的支柱产业。2018 年常德市经济全面发展，全域旅游创建工作全面铺开并取得突出成绩。全年接待国内外旅游者 5 153.05 万人次，同比增长 17.20%，过夜旅游者人次增幅达到 10.28%，旅游业发展的显著成绩为旅游住宿业发展形成了新引擎，提供了新动能。常德市旅游住宿业呈现出类型结构不断完善、规模逐步扩大、发展格局不断优化的特点，总体保持稳步增长的良好态势。

一、常德市旅游住宿业发展情况

（一）旅游住宿业类型结构不断完善

根据《中国旅游住宿业发展报告 2018》《2018 年中国大住宿业发展报告》，住宿业所涵盖的是星级标准、品牌标准和非标准住宿三种形式并存的类型格局。其中品牌标准和星级标准住宿业态具有定义的明确性和调查的方便性，是常德市旅游住宿业的主力阵容；非标准住宿业态具有个性化和多样化属性，往往以新业态出现，是大众旅游时代的特色阵容。本报告将标准住宿业态划分为经济型旅馆、三星级旅馆、四星级旅馆、五星级旅馆四大类；非标准住宿主要是客栈民宿类，包括了客栈、公寓、农家乐等，更有地球仓等新型设备式旅游住宿产品。

  常德市旅游住宿业表现出类型结构不断发育的特点,并逐渐走向完善。近几年来常德市社会经济快速发展,拉动了高星级旅馆的数量扩张,同时,社会投资旅游住宿业的热情高涨,非标准住宿旅馆中的各类新业态不断涌现,类型较齐全。

  细致考察常德市旅游住宿业的比例结构,从总体上看,截至2018年底,常德市住宿类旅馆共计3 751家,其中标准住宿类旅馆534家,占14.24%;非标准住宿类旅馆3 217家,占85.76%。标准住宿业是重要的成分,细致考察内部结构情况:星级饭店有28家,占标准住宿类供给市场的5.24%,其中五星级饭店占0.37%的份额,四星级饭店占0.37%的份额,三星级饭店占3.37%的份额;经济型旅馆有465家,占整个标准住宿类供给市场的87.1%,是旅游住宿业的主体部分。

  星级饭店是旅游住宿业的核心领域,具有接待水准的标志性意义。从星级饭店的内部结构来看(图3-1),截至2018年末,常德市五星级饭店有2家,占星级饭店的7.1%;四星级饭店有2家,占7.1%;三星级饭店有18家,占64.3%,呈现金字塔结构。

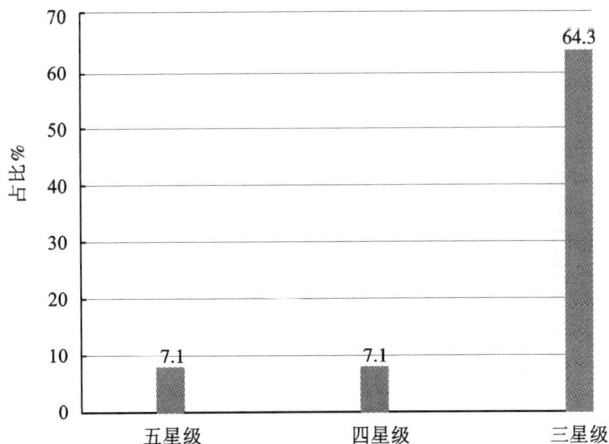

图3-1 2018年常德市星级旅馆的结构

从住宿业供给结构来看,常德旅游住宿业结构是以非标准住宿为主流,标准住宿稳定发展,与当下旅游住宿消费结构变化相契合的良性结构。

(二)旅游住宿业规模逐步扩大

旅游业发展的显著成绩刺激旅游住宿需求,在政府的政策支持和社会各界的大力推动下,旅游住宿业规模逐步扩大。

各旅馆客房数量是旅游住宿业规模的一个重要指标。据统计,2018年常德市新开业旅馆572家,新增客房16 578间;同时,投资1.8亿元的武陵区万建希尔顿酒店正式完工,预计2019年开始营业,届时将为旅游住宿业注入新的内涵与活力。利用爬虫技术整理出的携程网数据信息显示,2018年常德市标准住宿企业共计534家。从内客房数量来看(图3-2),客房数量少于20间的有179家,占33.52%;客房数量在20~49间的有144家,占26.97%;客房数量在50~99间的有129家,占24.16%;客房数量在100~199间的有60家,占11.24%;客房数量在200~299间的有17家,占3.18%;客房数量大于299的有5家,占0.93%。

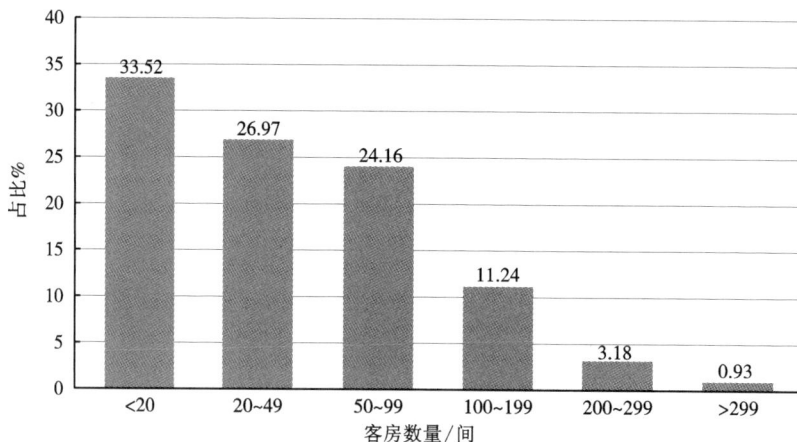

图3-2 2018年常德市旅游住宿业客房情况

床位数是旅游住宿业规模的另一个重要指标。截至 2018 年底，常德市床位数达到 108 487 张（图 3-3），同比增加床位 10 062 张，增加幅度达到 10.22%。从旅游住宿业床位增量来看，武陵区最突出，共增加床位 4 663 个；从旅游住宿业床位增幅来看，桃源县最高，达到 45%，这与全新桃花源的大幅度开园成因果关联；鼎城区、汉寿县、安乡县也表现为渐进增长。临澧县、津市市、石门县、澧县等地区床位数增速虽然小幅缩减，但床位数总量有一定增加，从侧面反映了常德旅游住宿业供给规模在旅游业的带动下逐渐扩大。

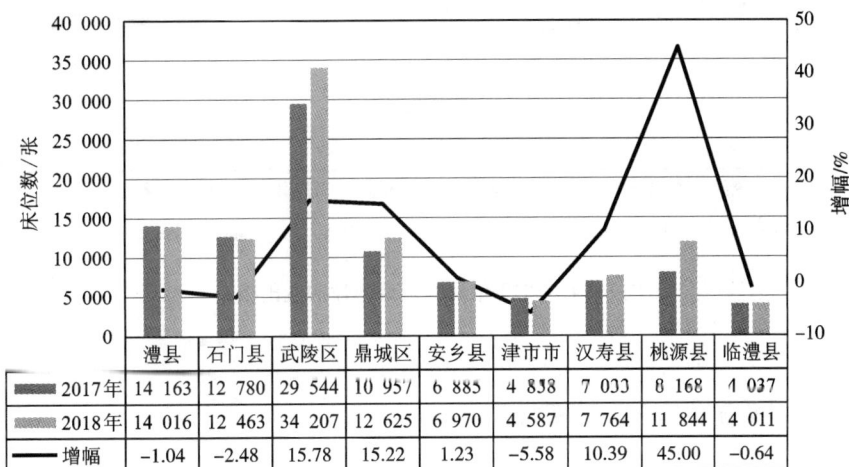

	澧县	石门县	武陵区	鼎城区	安乡县	津市市	汉寿县	桃源县	临澧县
2017年	14 163	12 780	29 544	10 957	6 885	4 838	7 033	8 168	4 037
2018年	14 016	12 463	34 207	12 625	6 970	4 587	7 764	11 844	4 011
增幅	-1.04	-2.48	15.78	15.22	1.23	-5.58	10.39	45.00	-0.64

图 3-3　常德市旅游住宿业床位情况

(三) 旅游住宿业出租率趋于下降

根据湖南省文化和旅游厅和湖南省饭店协会统计，2018 年上半年全国住宿业平均出租率为 54.05%，湖南省为 60.5%；下半年全国住宿业平均出租率为 60.5%，湖南省为 64.06%。

根据图 3-4 可以看出：常德市 2018 年旅游住宿业平均出租率约为 81.67%，远远高于全国和湖南省住宿业平均水平。但纵观全局趋势，2015

年至 2018 年,常德市旅游住宿业出租率趋于下降。

相比 2015 年出租率,常德市各行政区域住宿出租率都趋于下降,其中澧县和津市市下降幅度较小,临澧县次之,安乡县、石门县、常德市区(武陵区和鼎城区)下降幅度超过 7%,汉寿县、桃源县和澧县下降幅度超过 12%。

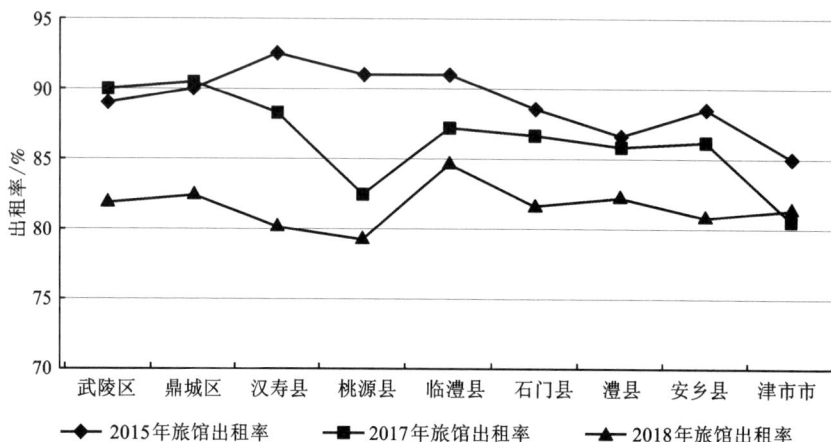

图 3-4 2018 年常德市旅游住宿业出租率

(四)旅游住宿业发展格局逐渐优化

《常德市旅游发展总体规划(2016—2025)》将常德旅游业发展的空间组织划分为五大区域:武陵区和鼎城区组成的城市核心旅游区,澧县、津市市和临澧县组成的澧阳平原文化旅游区,安乡县和汉寿县组成的西洞庭湖水乡旅游区,石门县为壶瓶山山地旅游区,桃源县为世外桃源旅游区。

按照旅游经济发展的空间组织,将住宿业规模相对水平与旅游收入相对水平的比值作为发展水平适配指数,将住宿业规模增长水平与旅游收入增长水平的比值作为发展水平同步指数,考察每个区域的旅游经济发展水平和其旅游住宿业发展水平的协调情况,旅游经济发展水平越高,旅游住宿需求就越旺,则旅游住宿供给就越强。图 3-5 显示,除澧阳平原文化旅游区和壶瓶山山地旅游区外,旅游住宿规模整体呈现扩大趋势,但住宿规模扩大速度整体低于旅游业发展速度。结合发展水平适配指数来看，常德市旅游住宿业的适配指数在近两年保持在十分合理的状态，城市核心旅游区、澧阳平原文化旅游区的住宿供给和旅游产业发展不断调整，西洞庭湖水乡旅游区、壶瓶山山地旅游区、世外桃源旅游区的适配指数不断优化。

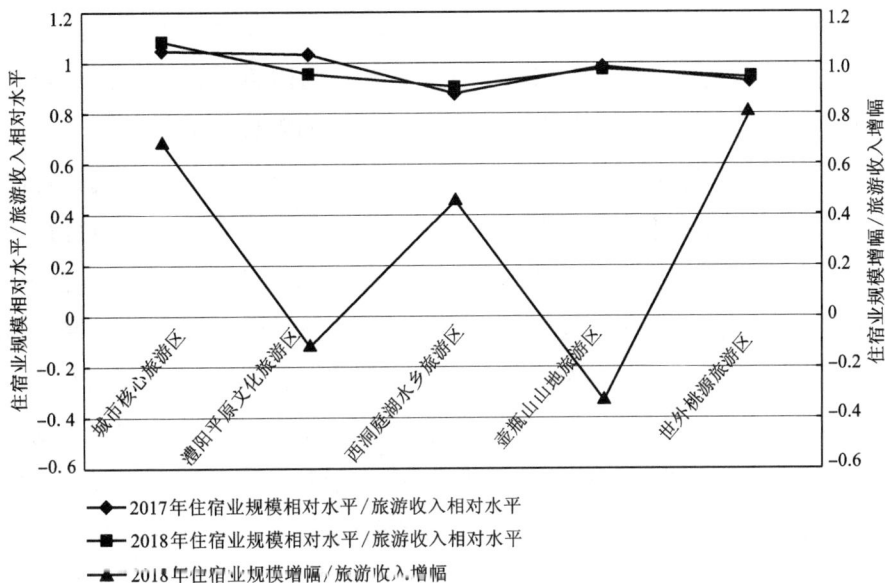

图 3 - 5　2018 年常德市住宿和旅游发展协调情况

二、常德市旅游住宿业现状评述

(一)突出经验

第一，从市场需求发力，不断丰富住宿供给。近年来，随着消费者需求升级，本地消费向异地消费转移，规模消费向个性消费转移，星级旅馆已不再是商旅住宿的必然首选，这对旅游住宿业提出了更高要求。常德市立足市情，对旅游住宿市场进行了结构调整，对中高星级旅馆进行降温，使经济型旅馆保持饱和状态，让客栈民宿等非标准住宿形态快速发展,形成了常德市以经济型旅馆为主体,非标准住宿和星级旅馆多元化发展的住宿供给格局。

第二,从公共服务发力,不断夯实发展基础。2018 年,常德市公路水路建设完成投资 63.5 亿元。安慈、官新高速公路等项目加快推进;沅水浦市至常德航道整治完成主体工程;澧县至安乡航道全线贯通;新改建干线公路 138 公里,沅澧干线 2 号大道临澧段、6 号大道常德经开区段、澧县宜万至孙家坡、石门太平至柳家垭、临澧雷水村至太浮山森林公园、鼎城刘家桥至镇德桥等公路建成通车;319 和 207 国道市城区改线工程南段、常德沅水四桥、安乡长岭大桥、津市澧水二桥、石门杨岭岗澧水大桥和桃源陬市、津市窑坡渡码头完成主体工程。旅游住宿可达性大大增加。同时,2018 年常德市完成农村公路窄路加宽工程 748 公里、自然村通水泥路 2 831 公里、危桥改造 135 座、安保工程 1 100 公里,为乡村旅馆的发展营造了一个良好氛围。

第三,从产业融合发力,不断注入市场动力。2018 年常德市科学谋划旅游住宿定位,致力于留住旅游"流动的消费",坚持产业融合。大力发展乡村旅游,支持区县市举办荷花节、桃花节等各类乡村旅游节庆活动,开发 10 多条乡村旅游精品线路,并实施旅游扶贫办点示范工作,为乡村非标准住宿注入新的发展动力;中德龙舟友谊赛、第十三届全运会龙舟赛决赛、常德国际马拉松赛等大型体育赛事的举办催生了汽车旅馆等特色旅馆的发展;此外,旅游住宿业和装备制造业融合,以柳叶湖房车露营地为代表的自驾车房车营地蓬勃发展。

第四,从市场营销发力,不断赋予行业活力。旅游住宿业的特点是为旅游业提供一个大本营式的服务基地,旅游住宿业的客源市场规模依赖常德市总体客流量。常德市旅游市场营销的系统工作力度的加大,极大地支持了旅游住宿业的健康发展。2018 年是常德旅游营销年,坚持把营销放在更加重要的位置,通过实施精准营销、靶向定位、精准实施,整体提升常德旅游形象;注重国家级媒体的营销,对常德旅游形象宣传片进行完善提升,重点把桃花源、柳叶湖、城头山、城市旅游等元素重新整合融入,形成更加丰富更具内涵更有文化的旅游形象宣传片；注重电视、报刊、网络、新媒体等线上线下平台的综合运用，加强旅游住宿宣传和对外推广，维护好现有的客源渠道，不断开拓潜在的市场。成功的营销加大了客流量，平衡了季节波动，保障了常德旅游住宿业的发展。

(二) 主要问题及其原因

第一，旅游住宿市场供需矛盾明显。在2018年，常德市旅游住宿业出租率趋于下降，表现出供给水平高于需求水平的情况。但是，旅游住宿业投资前景仍被广泛看好，住宿业供给规模仍在缓慢扩大，而且有加快发展的态势。这一方面有结构性调整的原因，主要表现在高端标准旅游住宿业市场需求发展的拉动和特色民宿市场需求的拉动，使得结构性规模扩张的趋势将持续明显，低端住宿供给将逐渐退出市场。

第二，旅游住宿发展空间矛盾明显。旅游住宿供给主要分布在武陵区和鼎城区组成的城市旅游核心区，旅游资源丰富的世外桃源旅游区在2018年引进和培育了一批星级旅馆、精品旅馆、商务旅馆，鼓励发展客栈、民宿等新兴住宿业态，整合了五柳湖片区、秦谷、古镇住房资源打造特色连锁民宿，引导了本地群众开发乡村旅居经营，旅游住宿规模不断扩大，旅游经济发展不断走向协调。但部分地区旅游住宿发展和旅游经济发展不协调的问题依旧存在，如澧阳平原文化旅游区和西洞庭湖水乡旅游区的住宿供给跟不上旅游发展的要求；而壶瓶山山地旅游区存在着供给远远超过旅游发展水平的问题。

第三，旅游住宿产品品质参差不齐。非标准住宿虽然能更加满足顾客的个性化需求，但其管理能力和服务质量尚未达成统一的规范；发展模式和功能结构较为单一，与周围景区融合度不够；特色不够突出，文化式体验不够，未能发掘其文化内涵以充分表现出常德璀璨的文化底蕴。究其原因有二：一是非标准住宿行业尚处于婴幼儿时期，发展不够成熟；二是非标准住宿缺乏行业的指导和规范。

三、发展对策与建议

(一)发展对策

1.政府精准指导

旅游住宿业属于重资产行业,必须谨慎投资。常德市旅游住宿业的可持续发展,必须确保供需平衡,在供给总量上保持清醒头脑。同时,在常德市不同县(市、区)旅游住宿业的规模、类别、档次的配置上,科学预判实施投资决策,确保投资合理。特别是在全域旅游发展大好形势下,更需要政府相关职能部门的精准指导,及时提醒投资者在适度超前的战略思维中,确保稳健发展。

2.大力热化市场

旅游住宿业的市场需要,与旅游业的发展密切关联,旅游者规模不断扩大,是需求发展的重要根源。常德市全域旅游推进水平的一个重要表现就是旅游市场规模的扩大,依托各种旅游吸引物大力热化旅游市场,确保旅游住宿业的发展效益,支持旅游住宿业可持续发展。

3.提升服务品质

我国经济发展总体态势已经由数量型增长转向品质型增长,旅游业是人民生活品质提升的重要表现,旅游住宿业是品质旅游的重要体现。坚持不断创新服务方式,在标准化和特色化的结合上下更大功夫;坚持大力弘扬文化特色,在国际化对接和民族化传承上保持平衡。让旅游住宿不仅仅是住宿,更是一种美好的经历和体验。

(二)发展建议

1.积极引导非标准住宿健康特色发展

为迎合市场顾客需求的变化,应鼓励非标准住宿的进一步发展。针对非标准住宿行业品质参差不齐的问题,首先应该科学制订非标准住宿行业规范,确保非标准住宿的基本规范性;其次应该成立非标准住宿行业协会,发挥行业协会开展市场调研、执行行业自律的作用；此外还应培养相关人才发掘常德厚重文化，引导非标准住宿业健康发展、特色发展。

2. 积极推进信息公开，保障投资决策合理

通过智慧旅游的发展，强化旅游住宿业信息有效管理，为投资决策提供可靠依据。第一，扩大常德各行政区上报经营数据的旅馆范围，要求其必须做好经营数据的统计和上报工作，并对其上报的数据提出明确具体的要求，防止虚假数据的上报；第二，及时了解与研究常德住宿业的供需情况并向社会公布，防止投资者由于信息不充分而产生盲目的投资行为，从源头上避免供过于求，不断优化旅游住宿空间布局。

3. 积极推进行业自律自治，保障市场秩序

充分发挥官方行业协会的作用，发挥行业内部的领头企业和先进模范企业的作用，努力形成行业自律自治的自觉性，营造行业内各企业自觉守法经营、努力创新的氛围。同时，定期召开旅游住宿业经营者会议，主动带领经营者不断学习各地旅游住宿业先进管理经验，形成良好的行业共生发展态势。

4. 积极强化企业内能，扬长避短特色发展

强化企业内能是旅游住宿业蓬勃发展的重要前提。旅游住宿企业应该加强企业内部文化建设，完善内部管理机制和学习培训机制，强化企业内能。具体来讲，中高星级旅馆在迎合市场需求、转变经营战略的同时，应明确自己的定位，塑造品牌形象；经济型旅馆应明确自己的发展优势，趋利避害，完成市场转型；非标准型住宿应采取措施提高服务质量和管理水平，并与旅游地文化有机融合，做到健康特色发展。

5. 积极强化人才队伍建设，保障品质发展

人才是保证旅游住宿业良好发展的重要基础。常德市应该根据全域旅游发展的客观需要，引进、培养和选拔旅游住宿业各类人才。首先，可以通过柔性引进方式，遴选聘请相关专家组成旅游住宿业发展智库，支持重大战略决策的制定。其次，开通"联合引智"旅游人才通道，因地制宜地引进高级经营管理人才、复合型旅馆管理人才、高层次旅游专业技术人才、高质量旅游

服务技能人才、特色旅游新业态人才、高素质旅游住宿教育师资人才。最后，致力于解决人才的后顾之忧，出台旅游人才落户、住房、医疗、子女上学等优惠政策，建立完善的人才引进政策和"一站式"服务平台。

B.4　2018年常德市旅游商品发展报告

旅游商品是旅游产业的重要组成部分，是旅游产业发展的重要支撑，旅游六要素之一的"购"是旅游消费中最具弹性的部分，直接影响旅游业的总收入。2018年常德市旅游产业发展迅猛，位居湖南省前列，旅游业已成为常德国民经济战略性支柱产业，旅游商品的发展关系到常德旅游业的水平与档次。

一、常德市旅游商品发展情况

（一）总体现状

2018年常德市旅游商品持续稳步发展。开发建设了一系列旅游商品购物中心，不断完善旅游商品销售网络，使常德逐步成长为中部地区具有影响力的旅游商品集散地之一。重点扶持15家旅游商品龙头企业，开发一系列"名、优、特、新"旅游商品，形成一批国内一流的旅游商品品牌，旅游商品购物收入占全市旅游业总收入的20%以上。推进万达广场、老西门文娱创综合体、桃花源古镇等重点旅游购物场所建设；开发具有纪念性、艺术性、珍藏性、便携性的旅游商品，形成旅游纪念品、旅游土特产品、旅游工艺品、旅游日用品四大系列。

旅游纪念品：主要有具有桃花源特色且便于馈赠的桃源伴手礼系列文创商品，如陶公仔、桃花扇等；常德旅游必购纪念品，如"柳叶壶·柳叶杯"茶具套件、"面若桃花"美容护肤品等。

旅游土特产品：主要包括烟、酒、茶、食品四类。烟类以芙蓉烟系列产品为主；酒类包括德山酒、武陵酒等；茶类有五彩茶、石门银峰茶、石门白云茶、桃源野茶王、澧县"双上绿茶"、澧县太青茶；食品品种丰富，如常德酱板鸭、牛肉干、安乡味蛋、鸭霸王，汉寿甲鱼，米酒，桃源黑猪，"鲁胡子"辣酱、临澧猕猴桃、杂柑、石门柑橘、澧县孟姜女腐乳王、澧县七特等。

旅游工艺品：依托常德各类非物质文化遗产技艺，利用常德特色材料，打造了一批具有地方特色的旅游工艺品，如桃花源记炭雕圆屏、桃花源文房四宝、墨彩石画、李峰烙画、"桃源工"木雕、石雕、竹雕、玉雕、仿古漆器、燕子石砚、印章、柳叶壶、柳叶杯、鸿林坊雕刻、芦苇织编、竹编等。

旅游日用品：以常德淡水珍珠、真丝等特色物产为依托，开发了桃花护肤品、淡水珍珠礼盒、雅丝桃韵丝巾、澧县真丝套装等日用品。

2018 年是常德旅游商品发展的一年，也是常德旅游商品收获的一年。2018 年 1 月，举办旅游商品设计大赛，一批新鲜有创意的旅游商品的注入，激发了旅游商品市场的活力。3 月，常德古玩城·2018 湘西北春季古玩交易博览会暨常德旅游商品街开幕，促进了文化旅游商品生产销售企业与河街经营者的交流与合作，满足了游客多样化的购物需求，实现了河街持续繁荣。通过开展文化旅游商品制作展示、民间演艺和民俗体验活动，不仅让游客现场感受到常德文化的魅力，而且营造了一种不断创新开发文化旅游商品的社会氛围，打造了一批文化旅游商品品牌。5 月，相关部门组团参加由文化和旅游部、浙江省人民政府主办的"第十届中国国际旅游商品博览会"和"2018 中国旅游商品大赛"。9 月，参加由中国旅游协会、四川省旅游发展委员会、乐山市人民政府共同主办的"第五届四川国际旅游交易博览会""2018 中国特色旅游商品展"和"2018 中国特色旅游商品大赛"。

（二）常德旅游商品精品发展趋势

常德市旅游商品出现了不少精品，从参加的湖南省旅游商品大赛获奖状况来看（图 4-1），2014—2018 年获奖数量总体上保持平稳增加，但是发展速度不均衡。从获奖总数来看，由 2014 年共获得 3 项大奖，到 2018 年共获得 8 项大奖，增长幅度达到 167%；金奖和银奖获奖情况平稳，金奖每年基本维持在 1 项, 银奖每年维持在 1~2 项之间; 铜奖的获奖状况在稳步提升, 由 2014 年的 2 项上升到 2018 年的 5 项, 涨幅达到 150%。无论是从总获奖数量看还是从单项获奖数量看, 2015 年和 2018 年是增长速度较快的年份。

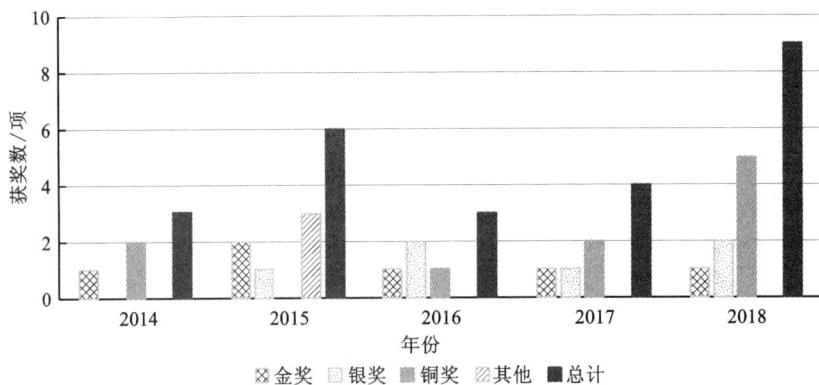

图 4 - 1 2014—2018 年常德旅游商品获奖数量

2018 年是常德旅游商品品质大提升的年份, 旅游商品共获省级奖 8 项, 同比增长 100%。其中获金奖 1 项, 银奖 2 项, 铜奖 5 项(图 4 - 2)。金奖获得量一直保持平稳, 银奖和铜奖的获奖量发展较快, 表现出可喜的局面。

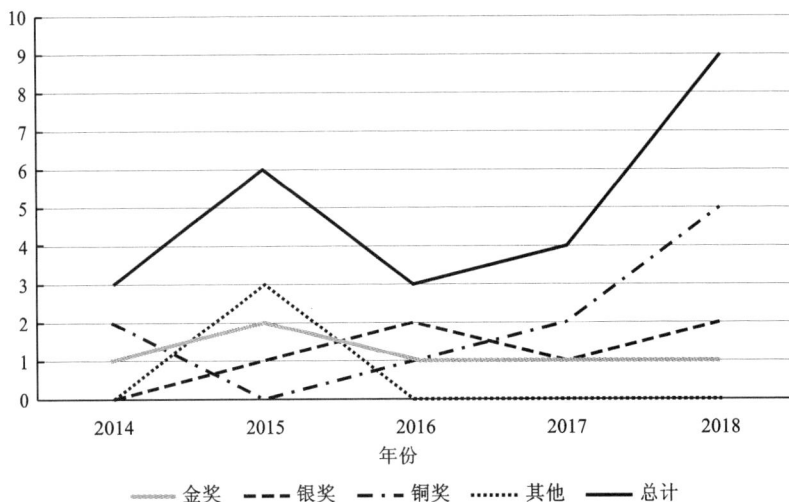

图 4 - 2 2014—2018 年常德旅游商品获奖趋势

(三)常德旅游购物示范点发展趋势

2011—2018 年,常德旅游购物示范点从总体上看保持了平稳增加。其数量由 2011 年的 2 家增长到 2018 年的 9 家,涨幅达到 350%,年均涨幅达到 50%(图 4 - 3)。除 2014 年、2016 年与 2018 年没有新增旅游购物示范点外,其余每年新增 1~2 家旅游购物示范点。

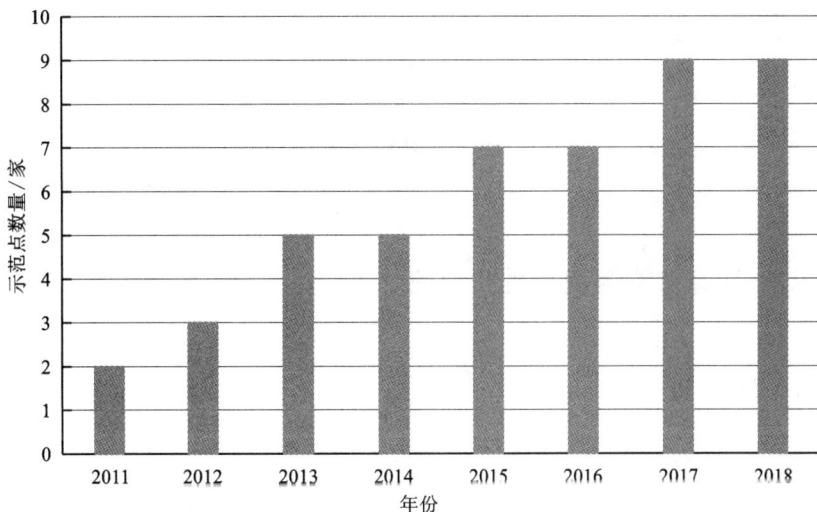

图 4 - 3 2011—2018 年常德旅游购物示范点数量

2018 年常德旅游购物示范点共 9 家,保持了 2017 年的水平。但从 2011—2018 年的增长趋势图可以看出,旅游购物示范点保持稳步增长趋势(图 4 - 4)。从分布情况看,常德市武陵区和桃源县分别有 3 家旅游购物示范点;石门县有 2 家旅游购物示范点;澧县有 1 家旅游购物示范点,与旅游业发展水平一致。

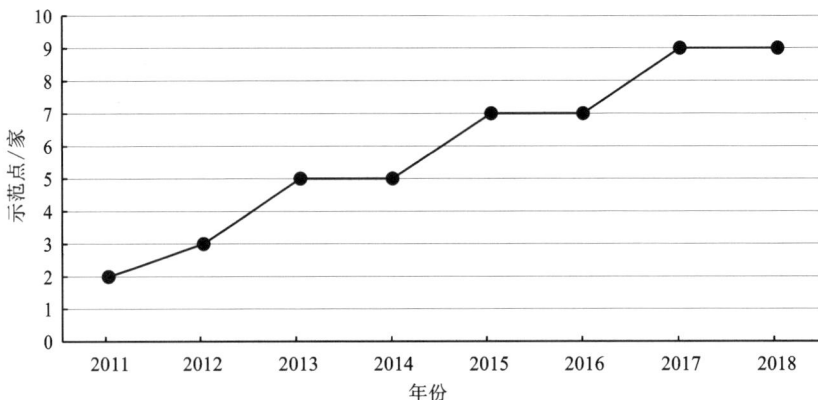

图 4 - 4 2011—2018 年常德旅游购物示范点增长趋势

二、常德市旅游商品现状评述

(一) 突出经验

1. 致力于塑造品牌

品牌战略是常德市旅游营销攻坚战的重要内容，旅游商品品牌建设也是常德市旅游市场营销的重要攻关性工作。通过努力，常德市充分利用各地特产，精密策划、精心设计、精致加工、精美包装，将其制作成便于携带、外形美观的旅游商品；同时努力提升市场认可度，充分实现商品化。成功打造了一系列优势品牌，显现了一定的品牌效应，带动了旅游商品的发展，特别是武陵酒、芙蓉烟、石门银峰茶、白云茶、常德酱板鸭、津市牛肉米粉、汉寿甲鱼、洞庭鱼、石门柑橘等成效明显。旅游商品的品牌化开发，为常德旅游经济的进一步发展奠定了良好的基础。

2. 致力于创新开发

旅游商品作为文化的载体，每一件都镌刻着旅游者一段难忘的经历，都反映出旅游目的地不同的文化渊源。常德市基于非物质文化遗产的挖掘，致力于文化旅游商品系列开发。常德旅游必购纪念品——"柳叶壶·柳叶杯"茶具套件、"面若桃花"美容护肤品、水晶湘绣、洞庭湖淡水珍珠饰品等，都是结合当地的历史文化背景设计的旅游纪念品。为营造旅游商品创新发展的良好氛围，有关部门积极举办各种旅游商品创新设计大赛，鼓励旅游商品创新，激发民众的创新潜力。同时，常德积极组织各县各单位参加全国的旅游商品设计大赛，每年都取得喜人成绩，尤其是2018年取得了1金2银5铜的好成绩，打破了历史纪录。

3. 致力于融合发展

旅游商品是最好体现旅游产业综合性的典型，涉及农业、工业、商业等一、二、三产业的多个范畴。树立全域旅游发展理念，以常德产业一盘棋的胸怀，大力发展旅游商品。目前，常德市以"产业兴市"为战略引领，突出酒业、烟业优势，结合特色农业、食品加工业的巨大潜力，鼓舞文化艺术节的创新力、企业发展的原动力，跨界融合协同创新发展，形成蒸蒸日上的旅游产业。

4. 致力于秩序治理

旅游商品经营领域曾经是一些地方旅游业市场乱象的重灾区，常德致力于为旅游者创造良好的购物环境，严守市场秩序关，坚决杜绝宰客、欺客现象的发生。2018年，常德重视市场秩序建设，实施旅游市场整治"利剑行动"，进一步规范旅游购物秩序，加强旅游购物示范点规范化建设，建成了9家旅游购物示范点，建立了良好的信誉。

(二)主要问题及其原因

1. 旅游商品品牌体系建设不理想

常德市旅游商品品牌建设虽有芙蓉烟、武陵酒、汉寿甲鱼、洞庭湖淡水珍珠、常德酱板鸭等著名品牌，但一些十分有潜力的土特产品还未实现品牌化，特别是桃花源特色的陶公扇、临澧黄花鱼、临澧猕猴桃、石门柑橘、石门"千年木榨坊"山茶油、澧县孟姜女腐乳王、获得省农博会金奖的桃源特产"鲁胡子"辣酱、获得2018年湖南省旅游商品大赛铜奖的孟姜女老姜糖等，在生产企业实力、生产规模、市场化水平等方面局限明显。从产品种类来看，便于携带、精致艺术加工的、深入生活细节的强竞争力旅游商品缺乏。旅游商品品牌体系的建设，既要对已有一定影响力的潜力产品全力提升，更要突出旅游商品的特殊属性，适应旅游者的需求，创造出精品，深入到旅游者的生活中，形成良好口碑。

2. 旅游商品研发机制建设不理想

常德市当前的品牌旅游商品，是常德市相关产业多年来努力的结果，并非专项旅游商品，而是大众生活商品，也被旅游者喜爱并购买，是广义的旅游商品。但旅游市场还不够大，旅游商品的销售量较少，专项旅游商品研发的市场动力机制不强劲，势必导致旅游商品生产和研发商较少。虽然常德市每年参加和举办旅游商品设计大赛，已有的旅游商品获奖作品却常常出现投入生产成本高，导致价格高、销量不理想，而没有办法进一步生产和发展。在一些景区景点的小摊贩所经营的旅游纪念品中，存在产品质量不合格、以次充好的现象，甚至廉价次品成为了一些景区景点旅游商品的主力，这种劣币驱除良币的现象，值得反思。

3. 旅游商品市场需求把控不理想

旅游商品需求特点的研究不足是全国性问题，已有学术成果很难全面指导旅游商品的营销工作。一方面，旅游商品供给不能满足客人全方位、多层次、多样化的消费需求，旅游者在品种选择、档次要求、产品造型、包装设计上有一定要求，工艺粗糙、质量低下的旅游商品并不是旅游者的终极需求；另一方面，旅游商品生产商未能解决好旅游商品精美度与价格之间的矛盾。

4. 旅游商品销售网络建设不理想

旅游商品经营是旅游业经济效益体现的重要领域，也是社区参与的重要领域。近年来，常德市开始高度重视旅游商品定点商场建设，对重点旅游景区进行提质升级，并对旅游商品经营场所进行科学规划和提升改造，已经建成桃花源旅游古镇购物场所、常德城区的湘西购物中心、常德古玩一条街等，也为规范管理旅游商品销售市场秩序奠定了良好基础，确保了旅游者旅游商品消费的安全感。但是，从面上来看，大量旅游景区景点入口处和出口处的各类旅游纪念品经营场所，表现出多种形态、各种档次的参次分布状态，以摊点销售旅游商品为主，正规的旅游商场数量少，多数旅游购物场所规模偏小、设施简陋，还有不少旅游购物场所没有设置服务导向站、顾客休息区，没有配备自动取款机、刷卡设备等现代旅游消费必需的设施。

5. 旅游商品人才队伍建设不理想

旅游商品的发展离不开人才队伍的建设，当前常德市旅游商品的生产与销售人才短缺，成为制约发展的关键因素，如旅游商品生产兼业化、专业人才缺乏。目前广义旅游商品企业的各方面人才较多，无论是芙蓉烟还是武陵酒，都有专门人才队伍；但是狭义的旅游商品行业，特别是专门从事旅游纪念品生产的企业，规模不足、人才奇缺，从旅游商品研发到生产经营管理，往往仅几个设计管理人员，甚至是商品设计者和生产经营管理者为同一人，这也导致设计缺乏新意，生产经营不理想。

三、发展对策与建议

(一)发展对策

1. 加大旅游商品品牌建设力度

旅游商品在布局上有分散分布的特点，地域上与特产产地关联，行业上与商品属性关联，旅游商品主要体现为一种产业组织形式，需要相关行业协同共管。因此也导致对于旅游商品的品牌建设，旅游部门经常是协同部门而不是主管部门。但品牌建设事关旅游商品制造商的发展，生产主体的积极性不言而喻，旅游部门持续跟进、加大鼓励政策，建立跨部门品牌培育基金，以确保旅游商品品牌的体系培育。

2. 加大旅游商品设计研发力度

旅游商品开发包括旅游商品的设计和实际生产。在旅游商品自发设计阶段，已有成果多数出自设计者自身情怀，常为一些热爱常德地方文化、守护非物质文化遗产的相关人士。充分发挥有情怀的设计创新主体的积极性，是旅游商品创新的源头。从经营角度看，旅游商品的包装设计创意需要下更大功夫，才能适应旅游者旅游途中购买需求。旅游商品市场化水平，还依赖生产工艺、生产流程的组织，需要整合资源精细管理，并规模化经营。旅游商品的开发设计不仅需要有情怀的文化守望者，也需要各级政府的政策扶持。

3.加大旅游商品需求把控力度

面对旅游商品供需难以平衡的难题，不能等待旅游商品经营主体在市场经济的大海中慢慢学习游泳。在市场黑箱探索前期，政府有义务为行业提供明确的指导，委托学者研究常德旅游商品供给侧改革的实施路径，将供求规律作为重大攻关课题，为常德旅游商品发展提供科学决策的公共服务。

4.加大旅游购物网络建设力度

把控各类规划中旅游购物网络建设内容，将旅游购物服务作为重要的公共服务设施，提上议事日程。促进城市旅游休闲娱乐中心区建设，布局购物、餐饮、休闲、娱乐为一体的旅游休闲综合体；进一步优化旅游景区景点旅游购物区布局；进一步优化主要交通线路上的各类休息点的旅游购物点布局，优化汽车站、火车站候车区的特产旅游店和星级酒店的旅游纪念品店布局。进一步提升旅游者的购物体验性，增加游客的体验乐趣，提升旅游商店的服务品质，普及旅游者网上下单，快递邮送到家的服务等。

5.加大旅游商品人才建设力度

重视旅游商品人才队伍建设，多种方式引进相关人才，在当前人才普遍缺乏的情况下，采用柔性引进方式，聘请紧缺人才为常德旅游商品发展服务。突出现有人才的高效利用，充分利用兼业化旅游商品人才缓解人才紧缺问题，并加强不同类别旅游商品经营相关知识的相通能力。抓紧培训，是加强专业的人才队伍建设的重要一环，政府部门要不定期组织培训，提升旅游商品从业人员的水平。

(二)发展建议

1.强化政府指导

旅游商品是一个涉及面宽、市场风险较大的行业，带有较强的脆弱色彩。政府出台优惠政策支持，设立基金培育，具有必要性。在政策支持举措中，政府指导意义巨大，当市场规律没有被完全揭示时，生产企业单独摸索的成本过高，不利于社会经济发展。政府委托专业机构揭示市场需求规律，编制旅游商品发展指导书，支持符合条件的旅游商品生产商率先发展，形成示范。同时，进一步发挥旅游商品行业协会作用，发挥行业协会市场调研、收集信息、发布产品行情、执行行业自律、协调产品质量和价格等方面的积极性，使广大旅游商品生产企业能够摆脱自身条件限制，做到研发、生产、销售与市场接轨，建立起旅游商品行业自我保护、自我约束及自律机制。

2. 营造创意氛围

旅游商品需要创意化设计，从产品形态到包装式样，设计水平是竞争力的重要依托。旅游商品研发设计者有两大担忧：一是开发风险大。开发新的旅游商品，从设计到推出产品的开发周期长，前期需要投入大量人力物力财力，一旦得不到市场认可，单个企业难以承受开发失败的损失。二是知识产权很难得到保护。新旅游商品一旦获得市场认可、销量可观，则可能立即遭到同行业的大肆克隆，承担开发前提投入的企业将面临巨大损失。在保护知识产权和鼓励创新创意氛围营造的结合上，政府应进行监管，让社会尊重和保护知识产权，确保原创性设计旅游商品的利益得到充分保障，改变旅游商品生产企业找到好题材不愿开发的局面。

3. 优化市场环境

加速旅游商品市场转型升级，处理好社区参与旅游经营和驱除假冒伪劣产品、不合格产品的矛盾，全面优化旅游商品营商环境。重视旅游市场的综合治理，进一步健全旅游购物市场的投诉制度，加强旅游购物市场监督检查力度，严厉打击假冒伪劣产品、不合格产品。从根源上保障旅游商品市场的健康发展及相关利益群体的合法权益。

4. 创新营销模式

将旅游商品营销纳入到旅游营销攻坚战中，将旅游商品营销融合到旅游景区景点的营销模式中。结合旅游商品的特点，创新销售方式与手段，注重网购盛行时代的营销模式创新。借助常德市旅游官方网站等媒体优势，营造现代化的购物氛围，推广APP、在线服务、网络营销、网络预订和网上支付功能等新兴的服务方式，大力拓宽旅游商品的销售渠道。

B.5 2018 年常德市旅游市场营销发展报告

2018 年，在全面贯彻党的十九大精神的整体氛围中，市委、市政府创新发展理念，全面谋划和部署了常德市全域旅游战略，将 2018 年确立为全市旅游营销年，协同各级和各涉旅部门力量，以常德市旅游外侨局为具体实施单位，实现"旅游形象体系化塑造、区域市场整体化共生、新旧媒体融合化使用、营销渠道网络化建构、营销方式系统化创新、节事营销全年覆盖化造势"，旅游市场营销工作取得了良好的进展。市旅游外事侨务局专门组织了深入的旅游市场营销调研工作，在深入了解常德市旅游市场营销的现状和问题的基础上，针对性地加大营销力度，并取得了突出的成绩，充分展现了近年来常德市旅游转型升级、跨越发展的良好态势。

一、常德市旅游市场营销发展情况

（一）旅游营销模式不断创新

1.旅游形象体系化塑造

从政府角度考察旅游市场营销，最重要的工作就是旅游目的地的形象营销。在常德市确定了"桃花源里的城市"的总体形象这一基础上，各县（市、区）也纷纷推出自己的品牌形象，如武陵区从发展生态休闲度假类旅游产品的宏观布局出发，以"亲亲常德，天天休闲"为主题，打造拥有个性的城市休闲旅游产品；鼎城区为全力创建国家全域旅游示范区，打造国际化的生态文化旅居目的地，建立了"花溪鹭乡，善德鼎城"的全域旅游品牌形象；桃源县确定了"人间仙境，不在世外，在桃源"的形象定位；临澧县确立了"红色故里·楚韵福地"的形象口号；石门县紧紧围绕"神奇壶瓶山，唯美石门县"的旅游形象定位，强力开展旅游宣传促销；澧县为推动旅游业的发展，提升澧县旅游的知名度和认知度，征集确定了"寻梦城头山，穿越七千年""以'城'

相见，以'澧'相待"等旅游形象宣传口号。同时，一些著名的旅游景区也向市场推出了自己的品牌形象，特别是桃花源、城头山、花岩溪等品牌渐渐深入人心，形成了全面反映地方品牌个性的形象体系。常德市旅游形象系统的形成，让旅游者可以清晰识别并引发出游意向，因此必须加强对旅游目的地的形象宣传营销。

2. 区域市场整体化共生

各旅游目的地之间可以通过客流的有序组织实现整体化共生，常德市重视与邻近地区间的旅游业协同发展，积极开展跨区域合作。2018 年 1 月 10 日，常德市人民政府与四川旅游投资集团在桃花源景区举行了战略合作签约仪式，在跨区域合作中迈出了重要一步。积极牵头组织旅游市场营销联盟，建设区域旅游共生体。2018 年，与岳阳市旅游外事侨务办公室、益阳市外事侨务旅游局谋划构建环洞庭湖旅游合作联盟，在省旅发委的组织带领下，常德、益阳、岳阳三市代表环洞庭湖区域旅游合作联盟，先后赴湖北武汉、北京举行了湖南旅游产品推介会，集中发布了环洞庭湖四季精品旅游线路和特色产品。常德特色旅游演艺节目得到了参会嘉宾的高度关注和赞扬，常德专题旅游推介吸引了众多嘉宾眼球。同时致力于区域旅行商之间的合作共生，采取政府主导、旅行社协会运作的方式，开展主题促销活动。即由政府对活动的整个过程把关，由常德市旅行社协会执行策划活动、邀请旅行商及组织合作洽谈，扎实推进企业间的交流合作，为客源互送设定良好机制，如"音相似·一家亲"湖北旅行商及媒体考察活动，邀请了湖北旅行商及媒体 80 名代表到常德市，召开了专场旅游推介交流会，对常德市城区、柳叶湖、桃花源以及城头山进行现场考察。

3. 新旧媒体融合化使用

注重旅游全媒体营销，先后与中国旅游报、新华网、中国网、红网、今日女报、凤网、《TOP 旅行》杂志、腾讯大湘网、湖南经广电台、常德电视台、常德全媒、常德日报、常德融媒等多家主流媒体合作，开辟专栏专版、专题节目，形成媒体宣传矩阵，全方位推广常德旅游品牌形象。桃花源、柳叶湖、穿紫河等旅游资源、旅游品牌多次亮相央视《新闻联播》《城市 1 对 1》《直播长江《消费主张》等栏目，中央电视台财经频道《消费主张》推出 26 分钟精彩视频——《2018 中国夜市全攻略：湖南常德》，全面呈现常德美食美景。开展形式多样的户外广告宣传，与中南传媒集团合作，在长株潭城际铁路开展了常德旅游形象全列车广告宣传；在长常高速公路的天桥上开展旅游主题形象广告宣传；与四川旅投集团合作，在成都双流机场开展了常德旅游品牌形象立柱广告宣传；在广州天河城北广场、珠江新城高德置地（小蛮腰附近）投放了常德旅游形象宣传 LED 电子屏广告等。重视新媒体在旅游营销中的应用，紧跟宣传潮流，以微信公众号、微博、抖音小视频推广为主打的新媒体宣传形式，开展常德旅游品牌形象推广。2018 年，通过常德旅游外侨公众号共发布信息近百期，推送各类旅游资讯近 150 篇，点击量过 20 万；同时，在举行大型活动期间，分别推出微博话题，引起更广泛关注；举办了湖南省旅游新媒体培训年会暨常德旅游产品推介活动，推出了 20 多篇常德旅游系列抖音小视频，关注量突破千万；加强与省内及市内自媒体合作，全年与湖南旅游、常德女人、常德微生活、常德全媒、安子的流年等自媒体进行适时动态宣传推广。开通桃花源机场、常德火车站、进城高速公路人口移动基站短信群发功能，集中向来常德外地游客推送"寻世外桃源，访城池之母，观柳叶湖美，'桃花源里·中国常德'欢迎您！"等落地欢迎短信服务。新旧媒体融合使用，使常德旅游关注度越来越高。

4.营销渠道网络化建构

疏通旅游通道，建构方便的通道拉动主要客源城市，加大航线旅游产品开发，开通四川航空经停常德至杭州直航线路等 18 条航线，并组织桃花源、柳叶湖、城头山等核心景区，重点旅行社和旅游饭店，分别在成都、广州、杭州等直航城市开展了常德旅游品牌推介活动，四川省、广东省、浙江省三地旅行社协会负责人与常德市外事旅游侨务局签订了合作框架性协议，成都、广州、杭州三地旅行社协会与常德市旅行社协会签订客源互送协议。三地重点旅行商通过推介活动的举办，加强了面对面的沟通交流，积极促成旅游包机业务的实现，直接有效拉动常德旅游省外客源市场的开拓。

5.营销方式系统化创新

致力于精准营销，组建常德旅游精准营销小分队，常驻长沙、张家界主攻旅行社渠道精准营销旅游产品。大力实施展演式营销，先后在长株潭、广州、成都、杭州等重点旅游目的地城市开展常德旅游产品专场营销活动。在常德市举办了"2018港澳旅行商锦绣潇湘行活动"，活动用文艺表演、3D全息投影等生动形式向旅行商推介展示了湖南省"锦绣潇湘"旅游形象以及常德市核心文化和旅游资源。旅行商代表还现场考察了桃花源、柳叶湖、城头山等重点景区，体验了石门夹山禅茶、花岩溪擂茶等特色活动，整个活动深受好评。参加了第32届香港国际旅游展和湖南省旅发委组织的"锦绣潇湘——走进'一带一路'（波兰、捷克）"湖南旅游推广促销活动，波兰和捷克旅行商对常德旅游资源产生了浓厚兴趣，纷纷表示将加大对常德旅游的宣传力度，让更多的波兰、捷克朋友走进常德。

6.节事营销全年覆盖化造势

重视旅游节事营销，2018年举办各类旅游节庆活动，推出一系列优惠活动，带动了景区人气、旅游综合效益稳步上升，特别是2018年常德柳叶湖国际马拉松入选《奔跑中国》2018年赛季"将改革进行到底"主题系列赛，CCTV-5全程直播，常德城市形象得到全方位展示。2018年常德市策划举办各类旅游节庆活动30多场，指导津市举办了青苗腊八节暨津市市农产品博览会，通过销售特色的乡村旅游产品，开展舞龙、歌舞、荆河戏、小品等特色节目表演与活动，给游客和市民带来了一场汇集中华传统年俗文化的生活体验；指导市经山水投资有限公司在常德河街举办"元宵游园会"活动，完美讲述河街故事，激活常德旅游人气；指导鼎城区开展十美堂第五届油菜花节，活动以油菜花乡村游为中心，开展群众文体、湿地观光、产品展销为主题，促进旅游与文化创新、产业提升、精准扶贫、美丽乡村、全域发展融合，推动地方文化、传统文化与洞庭湖湖湘文化的挖掘、传承、提升与创新；指导桃花源举办2018中国桃花节暨春耕开犁典礼，通过桃花节的一个目标（让桃花源成为安居乐业的美丽家园，实现"桃花源里好耕田"的意境）、三大特色（行进中的开幕式、互动性的推介会、诗意式的招商会）、五大活动（诗意式的招商活动、旅行式的约会活动、村长招募活动、国际摄影及写生大赛活动、田园诗歌大会活动）的办节模式，提升了桃花源品牌，优化了桃花源产品，带动了景区消费，舞活了旅游龙头。同时，率先在全省降低重点国有旅游景区门票价格，实现旅游总收入8.7亿元，旅游总人次210万。柳叶湖欢乐桃花岛举办常德欢乐水世界2018年开园暨河湖连通首航仪式，穿紫河和柳叶湖的水上巴士航线正式通航，柳叶湖旅游产品与城区旅游线路全面接通，形成了良好的旅游营销效果。2018年仙桃荷花节在规模、投入和构思上更胜往年，举办了声势浩大的开幕式，同时在不同时间节点举办了荷塘音乐节、龙虾弹唱会、音乐灯光秀、丰收节等，将艺术和节庆活动巧妙结合，打响了安乡田园旅游品牌影响力，形成了良好的知名度和美誉度，启动了周边县市的旅游客源市场，运营效果理想。

（二）旅游客源市场逐步扩展

2018年常德市的旅游市场营销活动，带来了系列连锁反应，全面拓展了旅游客源市场，取得了十分明显的成效。

1. 省内周边客源市场大热化

长株潭一直是常德旅游市场的主要力量，2018年继续深耕长株潭成熟客源市场，在长沙举行了"走进桃花源里的城市"常德旅游产品（长株潭）推介会，组织重点旅游景区和企业赴长株潭地区对接各大旅行社，进行线路推广并针对性提出常德地接奖励政策，致力提升长株潭客源市场上的常德旅游影响力。组织长沙、大湘西片区及本地旅行商、旅游专家集中推出八条常德旅游精品线路。

2. 省外客源市场明显拓展

在直航城市着力突破，省外客源市场实现明显拓展。组织桃花源、柳叶湖、城头山等核心景区、重点旅行社和旅游饭店，分别赴成都、广州、杭州等直航城市开展常德旅游品牌推介活动，加强了面对面的沟通交流，积极促成旅游包机业务的实现，坐飞机到常德游客同比增长近2.5倍。全面发力的旅游市场营销带动了旅游市场的全面拓展，到常德的外地团组游客数同比增长近3倍,外地到常德的旅游大巴车增长近5倍。

3.境外客源市场实现新突破

采用"请进来"的方式推介常德旅游核心产品。2018年5月8—11日,常德市举办了"2018港澳旅行商锦绣潇湘行活动",来自港澳地区及湖南、广东、浙江、四川等省份重点旅游城市约130名旅行商代表参加了此次活动。采用"走出去"的方式展示常德旅游品牌形象,在第32届香港国际旅游展上表演石门夹山禅茶,开展专题推介,为世界各地的旅行商带去了最新的旅游资讯,反响热烈;参加湖南省旅发委组织的"锦绣潇湘——走进一带一路(波兰、捷克)"湖南旅游推广促销活动,向波兰、捷克人民和旅行商推介了全球华人心灵的故乡——桃花源、世界稻作之源——城头山、城中大海——柳叶湖等景区,得到波兰、捷克旅游企业的热烈追捧及当地旅游主管部门的高度肯定。

(三)旅游品牌效应逐渐强化

常德市旅游品牌形象一直是全市人民关注的焦点,全市各界建言献策,在2018年确定了"桃花源里的城市"的旅游品牌,通过历史底蕴彰显、新型产品培育、服务品质提升,系统塑造常德市旅游品牌。常德市2018年将旅游品牌营销作为旅游营销年的重中之重,利用各种营销方式、营销手段、各类营销渠道,宣传常德旅游形象,推介旅游产品,在多家省级主流媒体全景展示了旅游品牌形象,极大地提升了常德旅游目的地形象的影响力。

二、常德市旅游市场营销现状评述

(一)突出经验

1.领导高度重视,政策大力支持

常德市确立2018年为全市旅游营销年,市委、市政府协同各级和各涉旅部门力量,大力支持常德市旅游外事侨务局的旅游市场营销工作,对《常德市旅游促销奖励办法》进行修改调整,优惠范围、幅度有所增加,更有利于旅游企业参与旅游市场开发，通过对常德市旅游发展密切相关且有相关贡献的旅行社、旅游企业、新闻媒体等进行奖励，极大地提高了旅游经营者的积极性，产生了良好的实施效果。形成了政策支持、部门协同、企业创新的良好机制。

2.营销模式创新，实现精准发力

致力于模式创新，针对常德市具体情况和多年的经验教训，成立了精准营销小分队，针对主要客源地市场，上门对接渠道旅行商，洽谈合作返利事项，宣传推介常德旅游线路产品。总体形成了"旅游形象体系化塑造、区域市场整体化共生、新旧媒体融合化使用、营销渠道网络化建构、营销方式系统化创新"旅游市场营销模式，实现资源整合化利用、工作精准化发力。

3.丰富旅游业态，形成有效供给

业态是旅游供给与旅游者消费直接接触的表现形式，在旅游消费个性化成为大趋势的时代背景下，大力丰富旅游业态，以多样化的灵活供给来满足个性化的旅游需求，是当前旅游市场营销工作的一个重要抓手。重视基于旅游融合培育业态多元化发展，"旅游+城市"已将穿紫河风光带、老西门、武陵步行城等城市旅游娱乐综合体打造成城市旅游集中发展区。"旅游+乡村"孕育了大量乡村旅游节庆活动和10多条乡村旅游精品线路，乡村旅游与乡村振兴同步发展。"旅游+商品"推出了"梦回桃花源"璞谷浑彩画、桃源精品刺绣等旅游商品、常德河街旅游商品街，开启了旅游购物新局面。"旅游+体育"开展了中德龙舟友谊赛、第十三届全运会龙舟赛决赛、常德国际马拉松赛等大型体育赛事，建成柳月汽车营地、柳叶湖泰顺房车露营公园等新业态。"旅游+城镇化"建设了石门县壶瓶山镇、柳叶湖德国风情小镇、津市药山镇等湖湘风情文化旅游小镇。

(二)主要问题及其原因

1.品牌影响不足，核心竞争力不突出

近年来，常德市致力于旅游精品建设，开发了欢乐水世界、常德河街、老西门等特色旅游产品，全面改造提升了桃花源、城头山等旅游景区，基础良好。但在中国旅游休闲示范城市、国家级旅游度假区、国家 AAAAA 旅游景区等国字号顶尖品牌的冲刺上，还需临门一脚；更值得高度警惕的是，桃花源传统品牌面临周边旅游景区的"哄抢"，以至于严重威胁到常德旅游的核心竞争力。常德城市旅游产品在宏观上具备良好的大格局，柳叶湖、穿紫河、沅江周边精品景点已建设成功，但如何进一步整合资源，精细谋划业态格局和特色服务，仍然任重道远。桃花源旅游区的硬件体系已经升级完成，山水实景演艺旅游项目等也开始逐渐形成影响，但软件升级任务仍然十分艰巨。

2. 文化发掘不足，价值彰显力不突出

常德市是中国优秀旅游城市，有 2000 多年的建城史，历史文化底蕴深厚，"为天下溪，常德不离"彰显着独有的"善德文化"。常德市高雅的文化资源和精神层面的遗产十分丰富，但高雅文化在旅游开发工作中变现难度很大。基于市场需求挖掘文化内涵，既是学术难题更是现实难题，需要全民共创，以多样化供给满足多样化需要，将价值彰显表达到具体服务流程和产品细节上。常德连续多年的旅游精品开发，已经为文化旅游产品的进一步创设奠定了基础。但进一步挖掘历史文化、非物质文化遗产等文化资源，还需从一点一滴的文化元素如何体现在旅游产品中做起，从而丰富文化旅游产品、创新旅游业态。

3. 人气集聚不足，营销生产力不突出

营销就是生产力，精准的旅游市场营销，可以看到突出的现实效果。快速交通体系使位于长株潭核心市场和旅游业龙头张家界之间的常德市，十分容易形成廊道效应，也使得旅游市场营销对于常德旅游业意义巨大。2018 年旅游营销年开启了精品铸造后的营销生产力启动，但政府公共营销到位后，企业营销如何快速跟上，成为重大问题。如大型旅游节事活动的举办，形成了举办地在举办期间的旅游人气和消费浪潮，而举办期间面向旅游者消费链条的整体开发和挖掘，举办前的预热和举办后的持续活动，皆不理想，甚至导致举办期的旅游消费也严重不足，旅游综合效益很不理想。常德旅游营销工作应聚焦与系统化，政府公共营销应将持续品牌营销活动和成熟精品的市场变现效率统筹考虑。

三、发展对策与建议

(一)发展对策

1. 强化品牌个性，强化市场识别度和忠诚度

历史给予了常德市"桃花源"旅游品牌，价值不言而喻。一些地区为了旅游业发展，争抢"桃花源"品牌的负面影响与常德"桃花源"品牌塑造不力的客观实际的复合作用，导致了常德旅游品牌形象被架空，显现出影响力不足、旅游者的忠诚度不高、品牌价值不够强大等问题。在应对举措上：第一，品牌个性精准化，委托专家、学者研究，确定常德旅游品牌个性，对应旅游者忠诚行为来确定首要品牌个性，展开系统化营销宣传，确保营销举措精准。第二，品牌价值标志化，继续加快桃花源旅游区国家AAAAA旅游景区、柳叶湖国家级旅游度假区的创建工作，在城头山旅游区率先创建国家文化公园，大力建设常德旅游的靓丽名片。第三，品牌承载精品化，做精旅游产品，全面完善公共服务设施，提高旅游产品质量和服务水平，加强各个景区间的协同与联动，建设合理的旅游产品体系。第四，品牌营销专业化，与旅游品牌运营专业机构合作，强化旅游品牌营销效果。

2. 深挖文化内涵，强化市场认同度和喜爱度

旅游市场营销是一个从旅游产品创意到旅游者满意度反馈的全过程，涵盖了旅游经营活动的全过程，旅游市场营销特别需要文化内涵化、主客共创化、服务情怀化。常德市在旅游市场营销工作中，深挖文化内涵的举措有：第一，文化内涵生活化，将旅游作为一种生活方式，让常德的高雅文化落实到"食住行游乐娱"六要素。第二，文化产品共创化，各类企业在接受旅游者抱怨和遗憾时改进服务，坚持主客共创，鼓励经营主体面向消费者的磨合和适应，敏锐感知旅游者的潜在需求。第三，文化服务情怀化，文化消费是情怀消费，文化旅游服务是情怀行业，应该以"爱着你的喜爱"创想文化服务流程，感染旅游者而提升满意度和忠诚度。

3.优化营销机制，强化市场共同度和有效度

目的地营销是政府应有的职责，旅游市场营销效果则更多体现在企业营销的力度和效度。快速提升旅游市场营销绩效的具体举措：第一，营销组织体系化，建构协同营销体系，以政府旅游管理部门主导，旅游相关协会协同组织，形成组织化程度较高的旅游市场营销团队。第二，行动方案配套化，出台科学的年度市场营销行动方案，政府目的地营销方案应反映目的地的总体营销战略，突出重点、明确目标，要求各旅游相关协会组织编制配套行动方案，让政府营销目标与企业营销目标共同度取得新突破，让政府营销投入在企业经营实践中获得良好收益，拉动旅游业全面发展。第三，市场攻坚有效化，目标客源市场的预判要理性求实，要利用大数据分析手段，依据主推旅游产品的市场适应性预判有效市场潜量，利用组合化媒体手段面向有效市场精准营销。

(二)发展建议

1.统筹规划，制定旅游市场营销规划

市委、市政府高度重视全域旅游示范创建工作，并将旅游市场营销纳入重要议事清单。从战略高度谋划常德旅游市场营销工作，是未来营销工作上台阶的重要前提。第一，强化旅游市场营销领导工作，成立市一级的全域旅游发展领导小组并设立旅游市场营销专门工作组，强化旅游市场营销领导；同时，建立政府营销与企业营销的协调融合机制，市场推广部门与生产供给部门协调沟通机制，实现产品开发与市场开发无缝对接；采取"联合推介、捆绑营销"的方式，整合景区、旅游企业和宣传促销资金、引导营销的准确定位和科学投放。第二，明确旅游市场营销战略思路，深入调研和研究，编制《常德市全域旅游市场营销规划》，确定行动方案，列出时间表和线路图，使旅游市场营销工作精准有效。

2.增加投入，强化营销专项资金作用

经典的市场营销理论认为，市场营销必须有强大的资金支持。适度增加投入，充分利用好旅游专项经费做好旅游市场营销工作。第一，设立旅游营

销专项资金，并形成逐年增加的机制，确保旅游市场营销工作的资金保障。第二，对旅游营销专项资金做出分块要求，列出奖励基金的比例；鼓励各县（市、区）制定相应的客源市场开发奖励办法。第三，利用旅游市场营销专项资金，发挥杠杆作用，撬动各类旅游企业加大市场营销投入，实现合力营销。

3. 重用人才，强化旅游人才队伍建设

旅游市场营销需要大量人才支持，应坚持"旅游发展、人才先行"理念，针对旅游业懂管理、会经营、能干事的高端旅游人才和一线技能型服务人员短缺的问题，可采取如下措施：第一，支持人才培养基地建设，支持文理学院等地方高等学院旅游专业的发展，积极培养各类人才。第二，积极引进高端人才，柔性引进全国知名专家支持常德的旅游市场营销发展，通过筑巢引凤方式，引进一批市场营销专业人才和一批善于经营的旅游企业中小老板，激发市场活力。第三，积极开展专题培训，针对旅游管理干部、旅游从业人员的旅游市场营销能力实施专题培训，整体强化旅游市场营销人才队伍建设。优化旅游从业结构，从根本上推动旅游转型升级，提升旅游发展能力。

4. 创新营销模式，凸显旅游市场营销绩效

全面优化已有营销模式、持续创新，让新招创造更好的旅游市场营销绩效。第一，全员全程营销模式，将旅游市场的营销工作延伸至游客行为的全过程，让感动成为最大的力量和最大的获得；全市动员形成旅游管理部门、旅游企业、旅游社区协同营销局面，逐渐达到全员共创的境界。第二，对流营销合作模式，区域旅游业发展最大的特点是旅游者在不同区域可以流动起来，将周边区域旅游目的地和旅游客源地都作为合作伙伴，实施区域合作平台建设，打破行政区划的限制，充分利用长株潭、长三角区域合作平台，相互开放市场、消除障碍、取长补短、优势互补，形成公平竞争的联合体参与市场竞争，实现共赢。积极融入武陵山片区和泛湘西北区域旅游综合开发，做实以常德桃花源、张家界天门山、湘西凤凰古城为代表的湖南旅游"金三角"区域合作，采取互设分支机构、合作互送客源、制定区域奖补措施等，共享旅游市场、齐推区域形象；组建以桃花源、柳叶湖、城头山为代表的常德旅游"金三角"区域协作，整合开发2~3条特色旅游精品线路，打造游客集

散洼地。利用旅游业开放性、国际化特点，把旅游宣传促销统一纳入常德对外宣传的总体战略，全面开展整体营销与立体推广。积极推进"环洞庭湖旅游合作联盟"的建设，带动三市旅游经济的发展，打造环洞庭湖"美丽经济"，打响"锦绣潇湘·天下洞庭"品牌。第三，前卫营销时尚模式，将前卫消费模式全面引入旅游市场营销；将社交媒体纳入旅游目的地营销系统，壮大常德旅游微信微博矩阵，全面对接网络社会。针对 90 后、00 后网络原住民的时尚消费，不断创新网络营销方式，与国内外著名网站合作，建立网络营销平台，强力开展智慧营销。顺应大众自驾旅游发展趋势，推出山水活力游线、秘境桃源游线、水乡风情游线、访古常德游线等系列自驾游精品线路，全面优化自驾精品线路的自驾车服务，形成品牌效应。第四，重大事件营销模式，不断创新"三大引擎旅游节庆 + 四季主题旅游活动"的经典时间营销模式，加强常德国际旅游节、常德桃花源文化旅游节、常德"世外桃源"乡村旅游节三大引擎节庆的细节与创意，力争形成轰动效应，吸引国内外游客关注，提升常德旅游知名度。进一步创意化开展四季主题旅游活动，在春天"动"起来、夏天"爽"起来、秋天"养"起来、冬天"滑"起来四大主题的范畴中，积极创新，按照"月月有活动·季季有高潮"的策划理念，充分发挥旅游市场主体的作用，以土客共创模式积极推进至全员策划营销事件的境界。第五，目标精准营销模式，根据市场潜力准确划分成熟市场和拓展市场，细致调研并针对各市场消费行为特点精准营销。巩固长株潭、广州、成都、杭州市场营销成果，督导各旅游企业与外地旅行社签订协议的落实，鼓励各景区、各县(市、区)紧盯"国内五大城市群"开展旅游市场专场营销活动，选派旅游精准营销小分队继续深耕旅行社，招引更多品牌旅行社营销常德旅游产品线路，扎实推进精准营销工作。

Ⅲ 区域报告

B.6 2018 年武陵区旅游业发展报告

武陵区位于常德市美丽的城区，拥有丰富的文化旅游资源，区委、区政府紧扣产业发展主题提出了"打造产业强区，建设美好武陵，全面推进基本现代化新征程"的新目标，大力推进文旅康养产业发展。2018 年，武陵区文体局从武陵区旅游发展实际情况出发，积极响应市区大力发展旅游业的号召，实现了武陵区旅游业的快速增长，全区实现接待国内旅游者 1 275.92 万人次，实现旅游总收入 121.32 亿元。

一、总体发展形势

（一）旅游住宿业

武陵区位于常德市中心城区，是常德市城市旅游核心区，旅游住宿业发展水平高，是常德市星级酒店的集中分布区。2018 年旅游住宿业发展速度加快，新增住宿类单位 184 家，新增客房 4 141 个、床位 5 858 个，新增住宿业从业人员 1 020 人，旅游住宿业的经营绩效理想，宾馆出租率高达 81.92%。截至 2018 年底，武陵区共拥有住宿类单位 486 家，其中五星级酒店 1 家，四星级酒店 2 家，三星级酒店 7 家，未挂星的高端酒店 4 家；旅游住宿业规模理想，拥有客房 13 353 间，床位数 34 207 个，从业人数 3 974 人，投资 1.8 亿元的武陵区万建希尔顿酒店正式完工，预计将于 2019 年开始营业，届时，将为武陵区高端酒店服务市场注入一股新的活力。

(二)旅游景区

常德市委、市政府和武陵区委、区政府高度重视武陵区的旅游景区、休闲度假区和城市公共空间的景观化建设。截至 2018 年底，全区辖内共有国家等级旅游景区 4 个，其中国家 AAAA 级旅游景区 1 个、国家 AAA 级旅游景区 2 个、国家 AA 级旅游景区 1 个，以及湖南省星级乡村旅游区(点)4 个，城市公园及城市综合体 10 个。

武陵区十分注重旅游资源整合，2018 年积极打造常德市城区旅游精品线路，制定以城区到城郊景点、乡村旅游点为主要内容的一日游精品旅游线路和以城区主要景点—柳叶湖旅游度假区—欢乐水世界为主要内容的两日游精品线路。

(三)旅游商品

武陵区十分重视旅游商品业的发展，大力培育旅游商品企业发展。2018年，武陵区积极组织鸿林坊、武陵窑、麻质画等区旅游商品企业参加"2018湖南(第九届)旅游产业博览会暨旅游商品大赛"，在此次大赛中武陵窑的微缩情景旅游商品"桃花源记"获省旅游商品大赛设计奖金奖，在博览会上，鸿林坊的众多旅游商品通过 3 天的展示，为塑造武陵区良好旅游形象作出了巨大贡献。同时，武陵区全力支持旅游商品经销场所建设和发展，大力规范旅游商品市场，为旅游商品业的发展营造了良好的氛围。

(四)旅行社业

武陵区是常德市旅行社集聚发展的区域，区委、区政府大力支持旅行社的健康发展，严格规范经营秩序，实施利剑行动，严厉打击各种不规范经营行为，确保市场环境的良好秩序。截至 2018 年底，共有旅行社及其他各大旅行社服务网点(营业部)55 家，主要以组团出游业务为主。旅行社稳定健康发展，为武陵区旅游市场营销特别是为旅游接待品质的提升发挥了巨大作用。

（五）乡村旅游

武陵区致力于通过城乡一体化发展，实施以乡村旅游为重要手段的多种途径并举的乡村振兴战略，乡村旅游发展成绩斐然。2018 年底，拥有红花园休闲农庄、开明农庄、四大碗生态餐厅等 5 家湖南省乡村旅游点，以及天中旺富硒草本咖啡园、绿沃川空中草莓园等多个农业观光项目，另有芦荻山乡天景花池田园综合体等项目正在建设之中。2018 年乡村旅游重点项目建设进展顺利，武陵区在原有的 5 个星级乡村旅游点基础上，新创建了一个湖南省五星乡村旅游点"昌龙火龙果种植基地"。乡村旅游项目建设不断新增的同时，发展质量也在稳步提升。

（六）旅游市场营销

武陵区的旅游市场营销包含两个方面的工作，一方面积极配合常德市在武陵区组织的大型旅游市场营销活动和推介活动，另一方面是开展以武陵区为特色的旅游市场营销活动。从打造武陵区旅游营销特色看，近年来与创源动漫合作开展的"中国·常德·夏日动漫盛典"已逐渐成为湘西北首屈一指的文创品牌和文化旅游名片。2018 年 10 月举办的"第三届中国富硒草本咖啡文化旅游节"，集聚了大量旅游人气，达到了旅游商品品牌宣传和旅游人气提升的双重效果。武陵区重视智慧旅游市场营销，利用多媒体进行整合，大力宣传"宜游宜居，美好武陵"主题。随着智慧旅游平台化建设试点的铺开，旅游宣传随设备终端入驻各景区、酒店、游客集散中心等场所，同时通过线下武陵区旅游宣传折页、景区宣传资料、电子广告屏等方式与线上景区公众号相结合，在城区内景区、星级酒店、车站、动车车厢、高速公路服务区等人流聚集地全面铺开。

（七）智慧旅游

武陵区十分重视智慧旅游发展，坚持将智慧旅游融合到智慧城市建设的体系中，同时大力推进智慧旅游平台化建设试点工作，将武陵区旅游信息随设备终端入驻各景区、酒店、游客集散中心，方便旅游者随时检索和咨询。目前，智慧旅游发展水平距离全域旅游示范区的要求还有一定差距。

(八)旅游新业态发展

武陵区鼓励旅游业与其他产业的跨界融合，培育旅游新业态。通过旅游与文创产业高度融合发展，带动文化旅游品牌建设，武陵区联合创源动漫举办了多届"中国·常德·夏日动漫盛典"，衍生了全新的旅游服务形态和综合服务模式。通过旅游与非物质文化遗产保护传承的高度融合发展，结合"常德丝弦、渔鼓"等非物质文化遗产，以传统文化艺术表演形式，打造文化娱乐产品。通过旅游与体育产业高度融合，借助常德市的龙舟赛、马拉松等大型赛事，利用中心城区良好的基础设施条件，形成集聚效应，培育多元特色化服务业态，满足旅游者日益增长的文化生活需要。

二、发展经验总结

(一)城市旅游项目做经典

武陵区城市环境优越，历史文化底蕴深厚，有利于城市旅游发展。近年来，历史文化街区的大规模改造，城市休闲度假设施不断完善，建成的 5 大旅游景区，影响力开始快速提升，游客接待量稳步增长，带动了旅游住宿业、城市餐饮业和城市商业的发展，同时促进了现代服务业发展总体水平的提升。2018 年，武陵区旅游投资继续增长，新增旅游项目 4 个，总投资2.8亿元，不断推进旅游项目的建设。

(二)文化旅游融合做亮点

武陵区大力推进文化与旅游融合发展，铸造精品，形成亮点，积极推动常德丝弦和麻质画走出国门。2018 年举办了"爱莲颂"诗联书画名家作品邀请展、第五届夏日动漫盛典、第三届富硒草本咖啡文化旅游节等大型活动。同时武陵形象歌曲《我像杨柳爱恋着你》登陆央视，丝弦节目《诚实才快乐》

在全国展演。让武陵区主动承担弘扬常德文化旅游特色,形成文化旅游影响力的主力军和主阵地。

(三)旅游营销创新发展

武陵区作为常德市旅游业的中心区域,担负着常德市旅游品牌营销责任,应该积极创新营销模式。在营销实践上,一方面协助常德市重大营销活动的开展,另一方面致力于开展独具特色的品牌事件营销活动,同时充分利用智慧旅游发展较好的优势,进行多媒体融合立体式营销,线上线下宣传推广齐头并进。

(四)城乡融合发展乡村旅游

武陵区充分发挥乡村旅游特殊作用,全力推进城乡一体化发展,利用乡村旅游促进城乡物质、资金、信息对流的优势,着力推行农旅结合新模式。2018年,乡村旅游项目投入5 000多万元,打造了湘北食用菌、天景花池等一批特色旅游亮点。为进一步扶持壮大观光旅游产业,累计投入3 600多万元,让青山溪河谷探险成为远近闻名的旅游新地标、城乡融合发展的典型。

三、发展展望与对策

(一)发展展望

武陵区城市旅游业的发展具有良好的基础和得天独厚的条件,响应常德市委、市政府"开放立市,产业兴市"的战略决策,全力创建"中国旅游休闲示范城市",积极建设常德市全域旅游发展的服务中心和组织中心,建设湖南省城市旅游休闲业的经典,进一步提升旅游管理和服务水平,助推常德旅游全面进入品质发展阶段。

(二)发展对策

第一,立足全域旅游全局思考旅游发展定位。武陵区作为拥有得天独厚旅游度假休闲资源的常德市中心城区,旅游业态集聚发展的格局已经形成。

提高思想认识，紧跟产业立市步伐，确定全市全域旅游发展的龙头地位，具有全局性意义。

第二，立足城市旅游示范作用推进项目建设。武陵区城市旅游具有良好的基础，立足中国旅游休闲示范城市创建，继续推动旅游项目建设和招商进度，配合天景花池项目开园开展进一步工作；加快万豪酒店，丁玲公园酒店的项目招商工作；加快推进中旺富硒草本咖啡园、芦荻山乡外滩运动公园、绿沃川空中草莓园等乡村旅游项目的进一步发展。

第三，立足全域旅游高质量发展推进品牌建设。武陵区是常德市全域旅游发展的重要形象代表，必须加快品牌创建步伐，深化实施标准化建设。积极配合常德市层面，积极开展中国旅游休闲示范城市创建工作，配合柳叶湖创建国家旅游度假区的工作；同时扎实做好武陵区自身的品牌创建工作，落实老西门文旅综合体开展湖南省省级旅游商品示范点的创建工作，配合老西门开展创建自查，尽快达到创建标准；推动中旺富硒草本咖啡园星级乡村旅游点创建；积极推进星级饭店、星级旅行社的创建工作。

第四，立足全市总体形象推进旅游营销。作为常德市旅游业发展中心，武陵区旅游营销也承担着全市的旅游形象宣传，积极参与和举办市、区相关的节庆活动，高水平筹备和举办一年一度的"中国·常德·夏日动漫盛典"活动，联手创源在历年基础上继续扩大规模，为活动做好相关服务工作；通过节庆活动的开展，利用中心城区的区域优势，借助常德全市旅游大发展的东风，提升武陵区旅游知名度，活跃武陵区旅游市场，促进武陵区旅游发展。增加投入，加大旅游宣传力度，始终坚持"走出去"战略，鼓励旅游企业对外推广，积极参加省市以上旅游推介活动；加大旅游宣传投放力度，广泛灵活地运用各种平台、各种手段，开展各类宣传活动。

第五，立足主客共享完善公共服务。以全域旅游发展理念，积极促进城乡一体化的主客共享的公共服务体系建设，全力推进公共服务均等化进程。加强城区基础设施的更新完善和科学配套，加大力度建设乡镇基础设施，全面推进厕所革命，同时基于全域旅游发展的需要完善旅游信息服务，全面提升设施服务水平。

B.7　2018年鼎城区旅游业发展报告

鼎城区旅游资源丰富，地理位置得天独厚，旅游业发展潜力巨大。区委、区政府高度重视全域旅游发展，确定了旅游强区战略，决定将旅游业培育成新的经济增长点，成为全区经济发展的重要支柱。2018年，鼎城区通过旅游资源整合、完善产业体系、旅游品牌培育等措施，构建"一城两级三区"的旅游业发展新格局，进一步促进旅游投资和项目建设，拉动消费，提高旅游业发展的质量和效益，推动全域旅游发展。共接待国内旅游者686.82万人次，实现旅游总收入51.49亿元。

一、总体发展形势

(一)旅游住宿业

鼎城区旅游住宿业具有良好的发展基础。截至2018年底，共有标准住宿企业单位50家，其中四星级酒店2家，三星级酒店6家，经济型酒店42家，还有大量散布在鼎城区乡镇中的乡村住宿设施。随着乡村旅游的发展，休闲农庄逐渐得到发展，荷花山庄是鼎城区第一个五星级乡村旅游服务点，有床位20多个，大会议室1间，可同时容纳60人参会，同时提供500人的餐饮服务。

(二)旅游景区

作为常德市重要的旅游基地，旅游景区建设是鼎城区极其重要的工作。2018年，鼎城区旅游景区品牌创建成就突出，云峰山景区和红烨旅游度假区获得国家AAA级旅游景区牌匾，国家等级旅游景区数量达到4家。同时，旅游景区的空间结构明显优化，拥有1大龙头景区，即花岩溪景区；4大旅游资源集聚区，即江南新城、花岩溪片区、鸟儿洲片区、环太阳山片区；还拥有

11 个特色农庄、16 个农业园区、8 个湖南省五星级乡村旅游区和多个自然人文旅游资源点。由于旅游景区良好的品质和空间结构，2018 年国庆黄金周期间，旅游接待量明显上涨，共接待国内外旅游者约 832.68 万人次，实现旅游综合收入 51.49 亿元。全区重点监测的花岩溪景区、红烨旅游度假区、水木佳园休闲农庄 3 个景区，共接待旅游者 7.08 万人次，实现门票收入 44.2 万元。

（三）旅游商品

旅游商品是体现城市经济发展和旅游服务水平的重要标志，也是提升旅游购物的重要抓手。近年来，鼎城区着力打造优质稻、油茶、生态养殖等支柱产业，叫响常德香米、精为天、鼎城茶油、河洲甲鱼等龙头品牌，在提升旅游消费、拉动旅游产业投资中发挥了积极的作用。

（四）旅行社业

常德鼎城区花溪旅行社有限公司是常德市鼎城区第一家旅行社，也是首家三星级旅行社，其旅行社营业部及分公司共有 7 家。旅行社业的健康持续发展，为鼎城区旅游市场营销尤其是旅游接待品质的提升发挥了巨大作用。

（五）乡村旅游

鼎城区乡村旅游蓬勃发展，基本形成了"两极三区"的空间发展格局，"两极"即花岩溪国家 AAAA 级旅游景区和鸟儿洲国家湿地公园，"三区"即大花岩溪片区、环太阳山片区和西洞庭片区，并且打造了"五朵金花"及云峰竹海等旅游品牌。十美堂油菜花和鸟儿洲国家湿地公园是鼎城乡村旅游的特色品牌，其中十美堂举办的第五届油菜花节，坚持围绕油菜花乡村游"中心"，开展群众文化、湿地观光、产品展销三大主体活动，有效促进了旅游与文化创新、产业提升、精准扶贫、美丽乡村建设的全域发展融合。乡村旅游的发展，极大地助力了鼎城区城乡融合发展和农村区域公共服务均等化的发展，在提升广大农民的获得感和幸福感方面发挥了巨大作用。

（六）旅游市场营销

鼎城区致力于旅游市场营销的持续创新发展，在了解自身旅游市场营销现状的基础上，针对性地加大营销力度，极大地提升了旅游品牌的知名度和美誉度。利用大型节事活动营销，十美堂第五届油菜花节开幕一周内，便吸引游客近5万人次，实现旅游综合收入500多万元；在常德市"2018港澳旅行商锦绣潇湘行"活动中亮相，鼎城花岩溪景区擂茶表演受到了港澳旅行商的青睐，形成很好的影响力。2018年，利用多媒体整合营销，开通鼎城旅游微信公众号，传播旅游资讯，宣传大美鼎城。

（七）智慧旅游

鼎城区高度重视智慧旅游工作，建立了鼎城区智慧旅游大数据中心，创新智慧旅游运营模式与服务模式，利用云计算、混合现实、3DGIS、移动通信、身份识别等技术，构建服务于旅游者的公共服务平台、服务于旅游行业管理者的行业管理平台和服务于旅游行业市场开拓的互动营销平台，借助电脑显示屏、智能手机、IPAD、多媒体触摸屏、LED大屏、电视屏等多种终端，满足涉旅群体的基本服务需求。其中柳叶湖旅游度假区智慧旅游（一期）建设项目开工，即将建设的智慧旅游平台，通过云计算、旅游数据统计分析、物联网、移动互联网等多种技术的应用，构建智慧管理、智慧服务、智慧营销三大体系，搭建宣传营销平台、综合管理平台、游客满意度调查系统、旅游数据统计分析系统。

（八）旅游新业态发展

鼎城区大力实施"旅游 +"战略，力促"一业带动、多业融合、联动发展"的大格局形成，通过产业融合培育新业态。以花岩溪景区为主战场，全力实施"5 +1"工程暨建成两条景区道路，完成3亿—5亿元的融资任务，注入四处资产，购置5艘游艇，引入一个森林康养项目，全面提升景区发展能力，为文化旅游产业新业态的发育奠定基础。鼎城红烨旅游景区作为"赵必振文化研究中心",被授予"青少年爱国主义教育基地",以此为契机,精心设计党史、国史等爱国主义教育体验,让更多的青少年通过参观基地,做好红色基因的传承者、实践者。荷花山庄以园林景观文化为核心,集园林景观体验、生态种养、农业观光、垂钓休闲、旅游度假于一体,促进多种融合状态下的新业态培育。鼎城区将进一步探索旅游新业态,特别是乡村田园景区、乡村生活方式、乡村文化形态结合下的新业态培育。

二、发展经验总结

(一)扎实做好全域旅游顶层设计

鼎城区致力于完善规划体系,保障规划的科学性,尊重规划的权威性,确保顶层设计到位。2018年《鼎城区全域旅游发展规划(2018—2025)》通过评审,准确定位了鼎城"花溪鹭乡、善德鼎城"的品牌形象,明确了打造国际化的生态文化旅居目的地的发展目标及三大片区的发展规划,规划突出了鼎城特色,为鼎城今后的旅游发展指明了方向。同时还编制了《花岩溪片区、环太阳山片区、鸟儿洲片区旅游发展专题策划方案》《鼎城旅游发展专题策划》《鼎城重点旅游招商项目策划》《黄土店云峰山 AAA 景区创建方案》,形成了科学的规划体系。规划实施过程中取得了一定成绩,在《黄土店云峰山AAA 景区创建方案》指导下,云峰山国家 AAA 级旅游景区创建成功。

(二)全面加快景区项目和配套设施建设

鼎城区把景区项目建设作为重中之重的工作,加大推进力度。花岩溪国家森林公园是国家 AAAA 级旅游景区,也是旅游产业立区的主战场,一直是配套设施建设的重点。2018 年,完成投资 3 亿元,全面启动基础设施建设提质,建设五溪湖牌、三样树两个游船码头和牌楼至中心区、中心区至栖凤山、麻家溪至民俗村、牌楼至林科所四条游道,形成景区游览环线;为进一步改善交通现状,缓解通景路段交通压力、促进旅游产业发展,鼎城区将谢杨线等路段进行道路拓宽建设。同时鸟儿洲国家湿地公园投资 3 000 万元,完成鸟儿洲游客接待中心建设和配套建设游步道、旅游厕所等基础设施建设，设施水平提升明显。鼎城区致力招商引资工作，按照旅游观光、生态休闲、健康养生、佛教祈福的发展定位，重点突出打造佛教祈福即"两湖两寺"的建设，引进一批高端度假项目和森林康养项目，启动湖南省旅游度假区创建。

（三）抓好旅游跨界融合发展

鼎城区致力于旅游业与相关产业和事业跨界融合发展，并在此基础上培育旅游新业态。突出推动旅游与文化融合，拍摄一部鼎城文化旅游宣传片，开展大量文化旅游活动；推动旅游与城镇融合，建设黄土店擂茶一条街，致力培育服务业态发育；推动旅游与美丽乡村建设相融合，举办乡村旅游节庆活动，促进美丽乡村更富裕；推动旅游与体育融合，建设花岩溪国家青少年活动基地和巴家营地等体育旅游项目，在服务方式上孕育新业态。推动旅游与研学融合，支持鼎城红烨旅游景区建立"赵必振文化研究中心"，被市关工委授予"青少年爱国主义教育基地"，培育教育旅游业态发展。

（四）开辟全域旅游精品线路

鼎城区高度重视旅游精品线路建设，以油菜花节、竹文化节等旅游节庆活动为依托，整合旅游资源，开发乡村旅游精品线路。以红烨山庄、水木佳园、张家山庄、花溪湾等五星乡村旅游点为基础，推出了城郊一日游旅游线路，在2018年表现出较好的运营绩效。

（五）强化全域旅游发展保障

理顺旅游局机构，成立鼎城区旅游发展委员会，形成工作合力，全力推进全域旅游。增加旅游专项资金额度，强化旅游高端人才引进和旅游项目引导、旅游策划规划和旅游形象市场推广等工作。

三、发展展望与对策

(一)发展展望

鼎城区委、区政府确定了全域旅游发展战略，致力于挖掘整合鼎城区全域旅游资源，借助湖南旅游"金三角"品牌与常德的国际影响力和旅游客源，突出全区的善德文化、花岩溪康养、水乡湿地、乡村度假等特色，主动承接常德城市休闲的转移和释放，积极对接常德市创建中国旅游休闲示范城市，充分结合鼎城区江南新城、阳明湖公园等城市休闲旅游发展，建设具有文化引领、互动城景、山水田园、民俗风情、绿色健康的生态文化旅居目的地。明确以建设湖南全域旅游新典范、打造国际化的生态文化旅居目的地的目标。下一阶段，鼎城区全域旅游发展的步伐将更快，工作将更出色。

(二)发展对策

第一，发展全域旅游，"全空间"建设。鼎城区全域旅游的发展，在空间战略上应该实现江南新城文化休闲核、花岩溪景区康养核的"两核突破"，滨水景观游憩带、沅江风光休闲带的"两带优化"，大健康国际生态康养度假区、环洞庭湖生态湿地科技体验旅游区、环太阳山乡村休闲度假区、索县汉代古城遗址探秘区、现代特色农业旅游休闲区、临港通用航空产业集聚区、产城融合工业旅游体验区的"七区支撑"；形成空间网络发力，全域联动发展的新格局。

第二，发展全域旅游，"全时间"建设。鼎城区全域旅游的发展，在时间战略上应该统筹好"白+黑"时间结构，打造夜间旅游业态；统筹好"静+动"时间结构，通过创新打造森林山居、文化康养、花溪民宿、研学乐园等8大旅游新业态，丰富游客体验，延展旅游时间。统筹好"长+短"时间结构，既做好一日游产品，也致力于做好时长2~3天符合自驾游览、凸显游览主题的旅游线路。

第三，发展全域旅游，"全品牌"建设。鼎城区全域旅游的发展，在品牌战略上应该以"花溪鹭乡·善德鼎城"为总品牌，构建文化品牌、城市品牌、康养品牌、民宿品牌等八大子品牌体系。

第四，发展全域旅游，"全过程"建设。鼎城区全域旅游的发展，在游程战略上应该重点围绕要素与设施建设，完善旅游公共服务。主要涉及内部道路系统，风景道建设，旅游集散咨询服务网点，自驾游公共服务设施，餐饮、住宿、娱乐、购物等传统服务要素体系，旅游厕所建设，智慧旅游体系建设七个方面。

第五，发展全域旅游，"全产业"建设。鼎城区全域旅游的发展，在产业战略上应该协同落实产业立区"三五"千亿工程三年行动计划，重点抓好"旅游+农业""旅游+文化""旅游+工业"的联动。借助"旅游+"的深度融合发展，带动建设生态康养产业、城市休闲旅游产业、文创工业产业3个十亿级旅游产业集群，休闲农业产业、乡村旅游产业2个过亿规模的产业集群融合发展。

第六，发展全域旅游，"全社会"建设。鼎城区全域旅游的发展，在共生战略上应该通过全域旅游示范区创建，实现旅游直接再就业千人计划，并在十三五末期建立"十个示范村、百个示范户、千个就业岗、万元新收入"的旅游扶贫目标。

第七，发展全域旅游，"全统筹"建设。鼎城区全域旅游的发展，在管理战略上应该成立鼎城区党政主要负责人任组长的全域旅游工作领导小组，确定常设办公机构，形成"全面抓、全面管、全面建"的统筹推进工作机制，并通过政策、资金、环保、人才培养等系统措施，推进鼎城全域旅游的创建与发展。

B.8 2018年安乡县旅游业发展报告

安乡县历史悠久、人杰地灵，孕育了丰富的旅游资源。近年来，安乡县委、县政府高度重视旅游发展，确定了"旅游兴县"战略，出台了大量优惠政策，积极促进全域旅游发展，旅游发展态势迅猛。2018 年，全县共接待国内旅游者 319.35 万人次，实现旅游综合收入 24.76 亿元。

一、总体发展形势

（一）旅游住宿业

安乡县旅游住宿业发展稳健。截至 2018 年底，旅游住宿业总收入 22 155 万元，同比增长 4.8%。同时，安乡县充分利用乡村旅游业的发展培育了特色住宿这一新业态，梅家洲田园综合体致力于打造以水乡风格为特色的梅园民宿，实行一对一管理家式服务，让旅游者感受到五星级酒店的品质享受。其中仙桃村作为湖南省五星级乡村旅游点，创设了可同时满足 60 人住宿的青年旅舍，同时建设了特色民宿 20 家，为旅游者提供特色化休闲娱乐与住宿服务。

（二）旅游景区

安乡县旅游景区主要有黄山头国家森林公园、史前文明摇篮的汤家岗、书院洲湿地公园、淞虎沿河自然生态风光带等，是湖南省旅游资源大县。2018 年，旅游景区提质和基础建设投入均有长足进步，开展了仙桃、黄山头创建国家 AAA 级旅游景区的工作，展开了魏晋古镇湖湘风情文化旅游小镇申报工作。建设体育小镇，全力推进旅游强县等工作。同时扎实推进旅游景区的基础设施和配套设施建设，高度关注公共服务设施配套，尤其注重"厕所革命"，新建成旅游厕所 11 个。汤家岗—南禅湾景区是国家发改委批准立项的旅游建设项目，计划工期 210 天，资金规模 1 800 万元，主要包括黄山头镇魏晋古镇至林场主道路改造、黄山头林场环湖路改造、黄山头林场至黄山大顶白龙游道登山游步道建设、黄山头冲凤峪木栈道建设、汤家岗村道路改造、理兴垱社区农村信息化建设及两地的 4 处公厕建设等。黄山头旅游景区总投资估算 47 164 万元，用于旅游配套干线公路的建设，总体工作进展顺利。

（三）旅游商品

安乡县拥有较多具有本地特色的农产品，具有开发旅游商品的潜力。例如，安乡有名的黄山头绿茶、民间特产米豆腐、春节品荞面、水晶芋饺、洞庭鱼糕、多味鱼丸、湘莲、安乡味蛋、滨湖板鸭、淡水鲜鱼、安乡鸭霸王以及安乡民间自制酒类等，既可以作为美食摆上旅游者的餐桌，又可以制成旅游伴手礼。2018 年，安乡县开始实施旅游商品品牌建设，通过特色包装将安乡所有农副产品和特色商品进行统一整合，铸造"安乡造"旅游商品品牌，旨在打造本县本土旅游商品品牌的"安乡农仓"，首次尝试正式进入运营阶段。

（四）旅行社业

目前，安乡县没有独立旅行社发展，但有明珠旅行社、中国旅行社、港中旅国际旅行社、海外旅行社、康辉国际旅行社等 5 家驻安乡县营业部。近年来，安乡县与旅游经营单位签订《旅游经营安全责任状》，明确了目标责任，强化了对旅游经营业主的管理。

（五）乡村旅游

在乡村振兴战略的指引下，安乡县乡村旅游进入蓬勃发展期。"安享田园·万亩花乡"中国·安乡第二届油菜花节开幕，拉开了安乡县"乡村振兴战略"的序幕，表明了安乡县坚决落实"旅游兴县"战略举措的决心。"洞庭荷乡·梦遇合兴"2018 年中国安乡第二届荷花节开幕，以"荷田＋"产业为支撑，以脱贫村、创建村、宜游村建设为目标，以生态有机休闲游为出发点，打造集休闲、观光、体验、餐饮、娱乐为一体的参与式农业和乡村旅游中心。同时，安乡县加大对乡村旅游项目的转型引导，鼓励大型农庄企业进行重组合作，形成乡村旅游企业的集团化连锁经营模式，在品牌塑造、功能定位、硬件设施、服务水平等方面进行整体升级换代，实现安乡县乡村旅游经济再次腾飞。

(六)旅游市场营销

安乡县高度重视旅游市场营销工作,坚持线上线下相结合的营销模式。线上开通安乡县旅游微信公众号、微博,定期发布全县最新旅游信息;在旅游门户网站、广播电视台、报纸投放旅游广告。线下举办旅游节庆活动,快速扩展旅游景区品牌。2018年,安乡县开展的主要节庆活动有黄山美食节、葡萄采摘节、草莓采摘节、万人骑行活动、红色旅游节、青年登山活动、荷花节、油菜花节等,既汇聚了人气,又拉动了旅游消费。

(七)智慧旅游

安乡县已经建设了智慧大楼和城域网的基础设施,正逐步完善数字化城市管理智慧系统。智慧旅游也开始发展,智慧旅游平台主要依托政府门户网、安乡旅游微信公众号、媒体等,开展资讯传播和旅游资讯服务。

(八)旅游新业态发展

随着经济发展和人们旅游需求的不断变化,旅游业发展进入个性化发展阶段。全域旅游理念中特别强调"旅游+"发展模式,通过跨界融合培育旅游新业态,成为安乡县旅游发展重要的创新领域,安乡县通过大力促进"旅游+农业""旅游+林业"的融合发展模式,打造农业生态观光园、梅家洲田园综合体,在服务模式的细节中创造新体验方式进而形成新收益模式。同时,安乡县大力推进文旅融合,打造"洞庭山乡,百里渔村"文旅品牌,通过荷塘音乐节、荷塘夜秀等活动,发展荷塘特色民宿业态、特色餐饮业态、特色娱乐业态,通过创新旅游业态,全面提质文化旅游品质,推进安乡全域旅游开发。另外,大力推进"旅游+体育"融合发展。加快安乡县体育运动休闲特色小镇建设,配合环洞庭湖汽车拉力赛、常德国际龙舟赛、常德国际马拉松赛等重大赛事活动的举办,打造竞技体育和休闲体育品牌,申创全国体育旅游休闲示范基地。

二、发展经验总结

(一)突出政府主导,做好顶层设计

第一,安乡县委、县政府高度重视全域旅游发展工作,确定了"旅游兴县"战略,明确了全域旅游发展的方针、目标和重点任务,形成了时间表和线路图,压实了部门责任。同时省市等上级部门领导的关心支持和旅游工作指导,为安乡全域旅游发展提供了巨大帮助。第二,立足"高起点、高水准、特色化"原则,县委政府决定规划先行,做好顶层设计,启动全域旅游规划和重点旅游景区(点)规划的编制工作,启动了安乡县全域旅游总体规划、仙桃景区旅游总体规划、黄山头旅游总体规划等工作,在充分论证的基础上,聘请中合慧景旅游规划设计院、国家林业局科学院等规划设计院编制详规。

(二)强化市场管理,优化旅游发展软环境

完善制度,依法行政,加大管理力度,全力优化旅游发展软环境。与旅游经营单位签订《旅游经营安全责任状》,明确了目标责任,强化了对旅游经营业主的管理。同时以规范旅游经营为突破口,重点对旅游市场虚假合同、违规出团、安全管理及培训、虚假广告等不正当经营方式进行了整顿,在各门店及经营场所公布举报电话,有效稳定全县旅游市场规划发展。

(三)落实品牌创建,形成良好声誉

2018年,安乡县高度重视全县旅游资源品牌创建工作,年初将仙桃景区创建国家 AAA 级旅游景区作为重要工作任务,近两年累计投入资金 5 000 万元对仙桃景区进行旅游升级打造,现仙桃景区吃住行游购娱旅游要素俱全,当地接待水平得到大幅度提升,每年一次的仙桃荷花节更是成为了当地打开市场的一张名片。2018年仙桃荷花节在规模、投入和构思上更胜往年,不仅举办了声势浩大的开幕式,同时在不同的时间节点举办了荷塘音乐节、龙虾弹唱会、音乐灯光秀、丰收节等,将艺术和节庆活动巧妙结合,打响了安乡

田园旅游在周边县市的知名度和美誉度。

(四)推进争资争项,抓好项目建设

按照常德市委开放强市、产业立市的工作要求,2018 年大力开展争资争项工作,年初对拟建及在建的旅游厕所进行申报,同时抓好旅游公厕建设,截至 2018 年底,所申报公厕全部完工,待湖南省文化和旅游厅批复。对在建项目严抓严管,汤家岗—南禅湾景区项目由国家发改委 2017 年批复 1000 万元进行建设,2018 年 5 月完成项目招标并开工建设,工程进展顺利。对两处国保单位进行文物保护类加固、文物展示陈列及文化旅游配套设施建设,刘弘墓、汤家岗两处国家重点文物保护单位近两年累计争资近千万。加大项目申报力度,2018 年对湖湘风情文化旅游小镇、旅游厕所建设资金补助、省市旅游发展专项资金等项目进行申报,在申报过程中不断完善自身并总结经验,为今后安乡县旅游发展打下坚实基础。

三、发展展望与对策

(一)发展展望

站在新的发展起点,进一步抓住"规划编制、招商引资、旅游开发、活动开展、队伍建设"五个重点,致力构建全域旅游发展格局,着力打造"一廊两湖三路四水十三村"的发展布局辐射安乡县全域的农业公园,创建仙桃、黄山头、汤家岗等 3 个以上国家等级景区,力争创建国家全域旅游示范区和全国休闲农业乡村旅游示范县。

(二)发展对策

第一,突出规划引领,抓好规划编制。高度重视规划编制和评审工作,确保规划的科学性和可操作性。2018 年确定的各项旅游规划编制任务,已落实到相关负责单位和编制团队,下一阶段将按照高质量、高水平,前瞻性、科学性的原则,督促规划编制单位保质保量准时完成规划任务,及时严格评审并按程序报批，为全域旅游发展提供指导。同时，聘请专业团队，启动汤家岗－黄山头景区、一镇五村、珊泊湖湿地、黄安公路美丽乡村、体育小镇等5个区域的编制规划工作，逐步形成完整的规划体系。

第二，突出争项争资，抓好项目建设。项目是载体，是旅游破茧发展的命脉。全面启动项目申报和前期准备，加强与国家部委、省市厅局的联系，储备一批、申报一批中央投资项目，力争将南禅湾晋墓群整体保护、汤家岗遗址保护环境整治工程、汤家岗古文化遗址公园、黄山头影视基地、珊泊湖文化旅游产业园等项目挤入上级笼子。

第三，突出旅游兴县，抓好统筹管理。按照全域打造农业公园，争创国家全域旅游示范区和全国休闲农业乡村旅游示范县的目标，做好三项工作，一是主动参与规划建设。加强与平台和部门的联系，在规划布局上、项目实施中积极、主动当好参谋，把星级酒店、旅游产品开发、基础设施建设作为招商引资的重点，力争把"中国白陶之乡"瓷业开发打造成品牌产业。二是加大宣传推介力度。加强与主流网络媒体的合作，更新安乡旅游网站，在主要交通要道和公益站台设立大型广告宣传牌或者宣传片，同时抓好节会活动策划，包装仙桃荷花节、晋文化高峰论坛、水乡田园乡村旅游等节会，提高安乡旅游的影响力和知名度。三是提高旅游服务水平。加大对旅游产业发展的引导和支持，从严规范旅游服务行业，积极引进一批有影响力的旅行社和旅游管理专业人才，公开选拔培养一批优秀的景区讲解员，在县职业中专开设旅游管理专门课程。

B.9 2018 年汉寿县旅游业发展报告

2018 年，在汉寿县委、县政府的领导下，旅游部门以建设环洞庭湖精品旅游线路重点县为契机，将促进旅游业的发展作为落实十九大精神的具体工作，大力推进全域旅游发展，建设生态宜居的大湖经济强县，树立品牌引领、创新发展、产业升级的工作目标，扎实工作，取得了较好的工作成效。2018

年，汉寿县旅游业发展基本平稳，共接待国内旅游者488.83万人次，实现旅游综合收入40.67亿元；旅游接待人数和旅游总收入增幅相比去年有所减少，但总体上实现了连续增长的态势。同时，高度关注旅游业品质的提升，通过举办文明旅游活动，发动全县旅游行业，做好省级文明县城创建工作，提高旅游经营者和旅游者的文明意识，提升全县旅游行业文明水平和服务质量。

一、总体发展形势

(一)旅游住宿业

2018年，汉寿县的旅游住宿业发展平稳，业态规模不断扩大，设施不断升级，服务不断完善。旅游住宿业的床位数7 764个，同比增加了731个；旅游宾馆的出租率为79.34%，同比下降了8.94%，但仍处在比较理想的水平。总体上，汉寿县旅游住宿发育完整，住宿类型不断齐全，标准和非标准旅游住宿业态同步发展，住宿设施从低档到高档序列发展，各类民宿不断创新，以旅游住宿新业态表现着时代的脉搏，其中主要旅游住宿企业包括汉寿远弘商务酒店、汉寿云鼎大酒店、麦吉臻选酒店、汉寿雅馨民宿等。总而言之，2018年旅游住宿业经营方式不断多元化，服务水平不断提升，为旅游者提供了多样化的选择，为汉寿旅游业的发展提供了保障。

(二)旅游景区

汉寿县高度重视旅游景区和度假区的建设。2018年，完成鹿溪森林康养基地创建工作，同时汉寿蔬菜公园、自驾游接待中心暨汽车影院实现开放运营。重点助推中国清水湖旅游度假区的项目建设，积极向上级有关部门争取政策、资金等方面的支持，全力解决项目进程中的问题，使项目进展顺利。目前，野生动物园项目征地拆迁已签约90%以上，并陆续引进长颈鹿、非洲象等动物；五星级酒店主体工程已全部完工，内部精装工程全面启动；园区1、2号大道已完成土方工程量的80%，旅游配套设施建设(接待中心、停车场、广场)进展有序。西洞庭湖生态旅游小镇已基本完成规划区域征拆工作，其岸线修复工程招投标工作，防汛路网设计工程进入财政评审阶段，并开展与深圳华侨城集团的项目合作洽谈。西洞庭湖田园综合体立面改造已达50%，凰山安置小区三通一平工程完成了财政评审。

(三)旅游商品

汉寿县物产丰富，地方特产多样。近年来各级领导高度重视旅游商品的营销，注重培育精品，2018年汉寿烙画在全省旅游商品中首次荣获铜奖，并且打造了"汉寿甲鱼""汉寿玉臂藕""汉寿蔬菜""华乐乳猪""汉寿香米""龙阳土猪""汉寿油茶"等一批品牌。餐饮是旅游业中价值突出的资源，汉寿的特色美食有甲鱼、蒿子粑粑、玉臂藕、珍珠烧卖、熏鸭、毛家滩炸油香、埃及糖橙等，可开发成旅游手信。汉寿县是全国苎麻发展基地，具有"中国苎麻之乡"的品牌，并发展了规模产业；同时还建立了茶叶、柑橘、狄笋3个特色产业，引导推广了对虾、龙虾、河蟹等特种养殖高效产业发展。高度重视旅游商品的渠道建设，以县电商产业孵化园为常态化培训基地，深入开展电商培训，完善县乡村三级电商公共服务体系架构，乡村电商服务站点建设覆盖率达到100%；与此同时，李峰烙画、湘湖甲鱼等旅游商品进驻常德河街开店展销。

(四)旅行社业

2018年，汉寿县旅行社业处在稳定提质阶段，全面清理整顿旅行社的合法经营，县内所有工商注册的旅行社、门市部均具备旅游经营备案资质；指导康泰旅行社开展三星级旅行社评定，促使各旅行社在经营资质、车辆安全、导游管理等方面规范有序。深入开展"强执法、防事故"和"打非治违"专项行动，约谈负责人，坚决打击不合理低价游等违规违法经营活动，签订责任状，落实应急管控，开展督导检查，健全旅游安全管理措施。

（五）乡村旅游

汉寿县政府高度重视乡村旅游的发展，将乡村旅游发展作为乡村振兴的重要抓手，已取得较好成效。2018 年，县委县政府更加重视乡村旅游发展，县政协特意设立了《乡村旅游调研报告》专题调研课题，为乡村旅游发展奠定决策基础，汉寿县乡村旅游品牌建设成绩斐然，周文庙乡陈军堤村等 15 个村被评为湖南省省级特色旅游名村，水云轩、群湖、武峰山庄等 8 家单位被评为五星级乡村旅游点。乡村旅游规模稳步发展，农家乐数量逐渐增加，培育了各具特色、各种规模和档次的农家乐 40 余家。乡村旅游也是脱贫攻坚的重要手段，汉寿县高度重视以乡村旅游带动扶贫的工作，严格按照省市县旅游扶贫工作要求，落实汉寿县旅游产业扶贫工作方案、年度计划和示范项目建设，努力为省级旅游贫困村提供各类旅游扶贫资金近 100 万元，朱家铺镇林场村乡村旅游产业扶贫示范项目带动贫困人口脱贫成效明显，2018 年"5·19 乡村旅游产业扶贫行活动"为该村集聚人气过万人次。

（六）旅游市场营销

汉寿县以节会活动为载体活跃市场氛围，2018 年积极向湖南省旅游发展委员会（现湖南省文化和旅游厅）申办 2019 年湖南乡村旅游节，举办了"中国汉寿第三届蔬菜文化节""毛家滩 30 周年乡庆暨首届糖橙节""洞庭花海灯光艺术节""郁金香节""江南油纸伞节"等，节会活动精彩纷呈，对提升汉寿县旅游知名度起到了重要作用；其中湘湖甲鱼、目平湖食品等旅游商品成功依托节会活动这一载体和快乐购等电商平台的立体营销，取得销售翻番的业绩。汉寿县高度重视"走出去"宣传的策略，先后赴省内外参加中国国际旅游商品博览会（义乌）、中国特色小镇与乡村振兴峰会（北京）、2018 南县洞庭湿地文化旅游节、2018 中国特色旅游商品展、2018 中国特色旅游商品大赛、2018 年中国湖南（第九届）旅游产业博览会暨首届旅游装备展、首届中国国际进口博览会、中国国际旅游交易会等活动。印发各类旅游宣传资料 3 万余份，开展"爱上湖南"旅游景点评选、旅游形象宣传口号征集等活动。

（七）智慧旅游

2018 年为响应政府关于用电安全的号召，汉寿县旅游部门在宾馆、饭店等场所推广智慧式用电安全管理系统，为旅游用电安全提供了保障。通过县域数字城市地理信息基础工程建设的验收，汉寿县旅游部门通过调用地理信息公共服务平台的地图，在互联网上真实再现汉寿县地形地貌，并基于位置集成汉寿县与旅游相关的信息资源，为旅客提供便捷、个性化的旅游综合服务。

（八）旅游新业态

产业融合的顺利开展，将产生大量的新业态。全域旅游理念推动了"旅游＋"模式的发展，汉寿县在两个方面表现突出，一是"旅游＋农业"，重点打造和推介汉寿蔬菜公园，将汉寿蔬菜和休闲旅游产业深度融合，实现多元共赢发展。二是"旅游＋体育"，自驾游接待中心暨汽车影院的开放运营将赛车活动、自驾车旅游活动、接待服务产业融合发展，成绩显著。

二、发展经验总结

（一）凝心聚力服务发展大局

一是部门协同形成合力发展旅游业。旅游业是一个综合性强，涉及面宽广的现代服务业，汉寿县在旅游业发展过程中，各部门全力配合，积极推进项目建设，打造旅游精品，形成旅游品牌。

二是综合统筹资源发展旅游业。全域旅游理念中，需要将旅游业发展作为一项中心任务来完成，借鉴"多个围绕"的全域旅游观，在旅游业发展重点区域积极开展平安创建、综治民调、党员干部回乡访民情等活动，贯彻落实5.12 应急管理日、6.12 安全生产宣传咨询服务等。同时，认真回复办理县政协会议有关旅游业发展的建议提案，参与政务信息公开、网站建设等工作，积极更新旅游业发展相关内容。

(二)铸造品牌推动旅游发展

系统推进旅游品牌的建设工作,为旅游业发展积淀动力。从全局视角来看,申报国家全域旅游示范县创建单位,保障旅游业发展理念先进;扎实推进环洞庭湖精品旅游线路重点县建设,致力于创建国家等级景区、星级酒店、省级高星级乡村旅游区点,积极推荐指导乡村旅游区(点)和旅行社开展行业星级评定,努力帮助等级景区、星级酒店、省级五星级乡村旅游区(点)通过复核验收工作;完成环洞庭湖"三市旅游合作联盟"桥头堡的建设工作。部门协同共创旅游品牌,旅游部门与林业部门协同完成鹿溪森林康养基地创建;与农业等部门合作推动农业与旅游业的融合发展,特别是通过电商平台为乡村土特产类旅游商品销售搭台。做好红色旅游资源调查,将帅孟奇故居融入《湖南红色旅游地图暨湘西十八洞村旅游导览图》之中,强化品牌影响力。

(三)立体营销激发市场活力

旅游发展特别需要营销支持,汉寿县委县政府特别注重旅游市场营销工作,2018年更加重视立体化的营销体系建设,以节会活动为载体活跃市场氛围,传统媒体为辅助支持传统市场,新媒体为突破形成时尚市场。同时,特别注重深化合作与展销交流,构建营销共同体,建立区域旅游联盟,保障区域旅游业共生发展。

(四)夯实基础促进产业升级

一是认真完成《汉寿县"十三五"旅游业发展规划纲要》的中期评估,总结经验教训,根据发展环境的变化,对发展目标作出适度调整,确保旅游业健康发展。

二是各部门协力推进招商引资工作,致力文旅康养项目招商与建设,精心包装旅游资源对外招商,为重点项目申报贷款贴息资金,为乡村旅游重点区域及旅游产业扶贫示范项目争取上级专项资金,为旅游业发展提供保障。

三是强化行业管理营造良好旅游环境。良好的旅游环境是可持续发展的基础，持续开展规范性经营整治行动，落实应急管控，强化旅游安全管理，推进文明旅游，保障汉寿县旅游行业文明水平和服务质量。

当然，反思汉寿县2018年的旅游业发展，也表现出了一些明显的不足：一是产品供给不足，出现了结构性失调，旅游产品主要停留在观光层面，产业链延伸有限，部分项目处于在建或规划建设阶段，与融入环洞庭湖精品旅游线路、建设旅游目的地的发展目标还存在差距。二是旅游基础设施有待完善，公共服务供给不足，旅游景点的配套设施比较滞后，与旅游者期盼有差距。三是旅游工作效率有待提高，项目建设速度、市场营销效果、旅游发展环境优化水平等，与全域旅游发展的要求不相适应。

三、发展展望与对策

（一）发展展望

下一阶段，汉寿县旅游业发展将迈上新台阶。第一，全域旅游发展理念将进一步贯彻，加快创建全域旅游示范县；第二，旅游业在产业兴县战略中的地位将进一步提升；第三，文旅融合发展模式将结合汉寿县的文化旅游资源特点，既凸显传统文化的光辉，又发挥时尚文化的魅力，配合开展中国常德（九岭）汽车越野赛事活动等来突出特色；第四，结合乡村振兴战略的实施，汉寿县乡村旅游发展将取得更突出的成绩。

（二）发展对策

第一，建设精品优化产品结构。在实施湖南省环洞庭湖精品旅游线路重点县建设中，以西洞庭湖湿地为载体，整合资源、资金，坚持"突出重点、规划引领、政府引导、市场主导"的原则，精心服务重点项目，建设旅游精品。一是清水湖国际旅游度假区的提质升级建设，建成中南地区最大的野生动物园；二是西洞庭湖田园综合体建设基本成型并对社会开放，将沅澧快速干线6号大道打造成为国家最美风景道，突出"野""奢"的特点，发展生态休闲旅游；三是推介汉寿蔬菜公园，将汉寿蔬菜和休闲旅游产业深度融合，实现多元共赢发展。通过旅游精品的建设，优化旅游产品结构。同时大力开展品牌创建工作，强化成熟旅游景区景点的品牌影响力。

第二，立体营销集聚市场人气。一是加强跨区域旅游合作，推进区县之间旅游线路的搭配，与大湘西、长株潭等地区的交流合作，实现游客互送、优势互补、资源共享、互利共赢发展局面。二是完善旅游宣传资料，根据汉寿旅游发展实际和即将成型的旅游发展格局，新编全县旅游宣传画册，组织拍摄制作全县旅游宣传片，建立"全景汉寿"旅游网页。三是积极参加省内外旅游博览会、交易会、旅洽会等活动，提升汉寿旅游知名度，吸引客商投资开发建设。

第三，强化基础设施建设，提升公共服务均等化水平。动员一切可以动员的力量，集聚一切可以集聚的资源，还清旅游基础设施建设的欠账，补齐旅游公共服务设施的短板，为全域旅游发展奠定基础。

第四，提高工作效率服务旅游产业发展。文化和旅游部门要进一步做好请示汇报工作，积极争取国家、省、市和各区县的相关政策和资金支持；进一步做好各部门间的协同工作，提高部门间的沟通效率；进一步扎实工作，加快旅游重点项目建设；提升行业管理和服务水平，确保旅游发展的科学决策，促进旅游产业品质提升。

B.10 2018 年桃源县旅游业发展报告

桃源县旅游业发展历史较早，早在新中国旅游业发展的初期，旅游业便已开始起步，而随着改革开放的深入，旅游业进入高速发展的阶段，以桃花源风景名胜区为核心的旅游业发展达到了很高的水平。近年来，常德市委、市政府决定对桃花源风景名胜区进行大规模提质升级改造，同时将其划归常德市直属管理，强化了桃花源风景名胜区的影响力，同时也影响到桃源县旅游业总体格局。桃源县历届县委、县政府领导都十分重视旅游业的发展，多年来保证了旅游业持续稳定的发展,有效助推了服务业总体规模的扩大和整体质量的提升,逐步发展成为第三产业的龙头产业、吸纳劳动力就业的重要行业和国民经济发展的强劲增长点。桃源县旅游资源丰富,代表性资源单体总数495个,其中人文旅游资源单体占代表性资源单体总数的77.5%,自然旅游资源单体占22.5%。依托旅游资源开发,旅游业取得了满意的效果,近三年来不断发展,旅游接待量和旅游收入也在同步增长,2018年国内旅游者接待量为595.59万人次,旅游综合收入50.37亿元,过夜人数23.7万人次,旅游从业人员为19 831人。旅游业保持了健康、持续、快速的发展态势,各方面成绩斐然。

一、总体发展形势

(一)旅游住宿业

桃源县旅游住宿业水平较高。截至2018年底,拥有标准住宿旅馆64家,其中桃源县花源大酒店为三星级酒店,其他标准住宿酒店还有盛世桃源大酒店、御景园大酒店、芭缇雅风尚酒店、渔父精品酒店、天天美美主题酒店、天悦正友大酒店、潇湘风尚酒店、七度酒店、福鸿大酒店、福华大酒店、7天连锁酒店、佳沅大酒店、中远时尚商务酒店、月亮城商务酒店、桃源长成朝阳连锁商务酒店、天合时尚商务酒店、弘景商务酒店、海悦商务酒店等,还有大量乡村旅馆和农家乐旅馆。从床位规模看,2016年为8 633个,2017年为8 161个,2018年为11 844个,基本处在持续增长的状态中。

(二)旅游景区

桃源县十分重视旅游景区建设。由于桃花源风景名胜区被划出,2018年,全县有3个国家AAA级旅游景区,分别为枫林花海景区、乌云界花源里景区、夷望溪景区;还有省级五星级乡村旅游(区)点9个;省级四星级乡村旅游(区)点1个。其中枫林花海景区2017年启动国家AAAA级景区创建工作,2018年8月底完成创建所需全部基础设施配套工程,9月16日正式开园纳客；改造升级后的枫林花海借助形式多样的宣传渠道，深受周边市县旅游者青睐，市场前景十分看好，国庆期间共接待旅游者32.8万人次，实现旅游收入516.3万元，游客量、旅游收入均居常德市各大景区之首，成为常德旅游继桃花源景区后的又一个现象级景区，经验在常德全市广泛推广。

（三）旅游商品

桃源县旅游商品业发展较早，产业业态比较成熟，旅游商品类型较为丰富，以富硒农产品、加工食品、油茶、皇菊、木雕、竹制品等当地特产为主，主要分为风味土特产和旅游纪念品两大类型，部分产品在市场上形成了理想的品牌影响力。第一，风味土特产品种繁多。充分利用桃源县农副产品的突出优势，积极培育已有突出影响力的风味土特产品牌，如谢老头擂茶、鲁胡子辣酱、义哥清真牛肉、百尼茶庵茶叶、刘老树茶叶、君和茶叶、古洞春茶叶、陬市桂花糖、黄金梨、桃源酒、双溪口羊肉、三阳大种鸡、桃源黑猪、富硒黄菊、富硒鸡蛋、富硒大米等。第二，旅游纪念品稳步发展。已开发形成了桃源木雕、桃源刺绣两大名牌，其中桃源刺绣制作精良，被誉为"湘绣之魂"。同时桃源县十分注重旅游纪念品制作人才培养，桃源木雕、桃源刺绣均开设了专业培训班。桃源县还特别重视旅游商品的创新发展，积极参加了2018年中国特色旅游商品展及2018年中国特色旅游商品大赛，桃源县选送的旅游商品在第九届中国湖南旅游产业博览会上，荣获2枚铜奖，为常德市旅游商品业界赢得了荣誉。桃源县的旅游购物设施主要形式为土特产店、土特产汇展中心，主要集中分布在县城城区所在的漳江镇，除此之外，枫林乡、桃花源镇也有零散分布。

（四）旅行社业

桃源县旅行社业发育较好。截至2018年底，全县共有旅行社6个，分别为常德平安国际旅行社、常德全程国际旅行社、桃源县开心国际旅行社、桃源金凰旅行社、常德盈科国际旅行社，其中常德平安国际旅行社为四星级旅行社，盈科国际旅行社和全程国际旅行社计划申报三星级旅行社；还有旅行社门市部 11 家，分别为湖南华天国旅桃源门市部、常德平安国际旅行社桃源门市部、常德中旅国际旅行社桃源门市部、湖南同程亲和力旅游国际旅行社桃源门市部、湖南新康辉国际旅行社桃源门市部、湖南康辉国际旅行社桃源门市部、湖南中青旅国际旅行社桃源门市部、常德山水国际旅行社桃源门市部、中国国旅国际旅行社桃源门市部、湖南百事通国际旅行社桃源门市部、湖南海外旅游桃源门市部；各旅行社、门市部共有工作人员 43 名，全县固定执业导游 12 名。

（五）乡村旅游

桃源县乡村旅游正依托乡村振兴战略快速发展。截至 2018 年底，全县拥有旅游名镇 1 个（茶庵铺镇），旅游名村 2 个（夷望溪村、广福殿村），湖南省五星级乡村旅游接待点 9 个（古道茶旅度假村、滕琼茶庄、聚缘山庄、明月农庄、古堤生态园、大里坪生态园、陈氏梅园、梦里水乡、仙人饮食休闲山庄）。沙坪、夷望溪、枫树、热市、黄石等地乡村旅游产业也快速成长，成为当地社会经济发展的重要支撑力量；乡村旅游成为推动全县旅游产业发展的主阵地、主战场。据不完全统计，2018 年乡村旅游人次在全县旅游人次中占比、旅游收入在全县旅游收入的占比均达到 80% 以上；通过发展乡村旅游产业实现脱贫 4 095 人，占脱贫总人数的 52%，在脱贫攻坚战中发挥了巨大作用。

（六）旅游市场营销

桃源县历来重视旅游市场营销，围绕"人间仙境，不在世外，在桃源"的形象定位，积极打造旅游品牌。全力倾注节会营销，成功举办"乡约桃源"首届乡村旅游节、5·19"大美桃源"摄影展，组织参加"爱上湖南"最美摄影图片征集评比等活动，2018 年还成功引进"枫林花海·淮海杯"全国第十五届独轮车锦标赛，集聚了大量人气，形成良好影响力。大力促进新媒体营销，致力于网络营销，通过"旅游桃源"官方微信公众号宣传桃源旅游形象，在桃源融媒、政府网站设立旅游专栏，鼓励枫林花海、乌云界花源里等景区建立微信公众号平台，大力宣传旅游形象；推出旅游形象入境短信，积极参与常德"常德旅游护照"和常德全域旅游卡的营销活动，宣传营销持续升温。

（七）智慧旅游

桃源县不断致力于智慧旅游的发展，借助移动互联网技术，开通"旅游桃源"官方微信公众号，及时发布全县旅游信息，实现线上咨询服务；在桃源融媒、政府网站设立旅游专栏，强化信息发布；鼓励枫林花海、乌云界花源里等景区建立微信公众号平台，实现线上咨询、购票、互动等，宣传入境信息（访晋人足迹，寻梦境桃源，品生态美食，沐天然氧吧，赏田园风光，享异域风情）。目前与全域旅游发展的智慧旅游要求尚有一定差距。

（八）旅游新业态发展

桃源县依据全域旅游的发展理念，大力促进旅游业跨界融合发展，孕育旅游新业态。积极促进旅游与新型工业融合，抓好古洞春、岩吾溪等重点茶叶生产基地建设，做好茶旅融合文章，将旅游业发展融入到工业产品生产、包装、销售全过程，在服务形态上创新，形成新收益模式。积极促进旅游与现代农业融合，充分利用全县优势富硒农产品资源，开发好富硒大米、富硒柑橘、富硒茶油、富硒蜂蜜、富硒鸡蛋等一系列富硒产品，并在营销方案上注入旅游元素，实现业态创新。积极促进旅游与文化产业融合，集中力量排演一台反映桃源历史文化、体现桃源民俗风情的歌舞实景演出，推进桃源工、桃源秀、桃源擂茶等旅游商品研发、销售，大力培育新业态。积极促进旅游与体育产业融合，对接国家体育总局，积极引进大型赛事落户桃源，形成赛事旅游业态。

二、发展经验总结

（一）健全工作机制，强化组织保障

桃源县第十二次党代会以来，形成了举全县之力加速旅游业发展的共

识。围绕国家全域旅游示范区创建的指示，县委、县政府成立了全域旅游行动领导小组、文旅康养专项小组，形成了县委县政府主要领导亲自调度旅游工作的机制；组建了桃源县旅游发展委员会、桃源县全域旅游发展中心，统筹负责全县旅游工作；组建了国有投资平台公司桃源县大美文旅发公司，专门从事文化旅游项目筹融资及开发建设；制定了旅游项目招商引资优惠政策、旅游事业发展扶持奖励暂行办法，为桃源县全域旅游发展提供了有力的制度保障。

（二）明确发展思路，强化规划引领

全域旅游发展，规划必须先行。按照全域旅游发展理念，编制了《桃源县全域旅游总体规划（2017—2030 年）》，确定了"一城一带双线四区"的全域旅游空间架构，即围绕以桃花源文化为核心的历史文化名城、沅江风光带建设，重点打造温泉康养度假区、民宿风情体验区、溶洞山水观光区、竹海茶香休闲区，开发好茶竹乡村风景线、山地运动康养线。科学的发展定位，为桃源旅游产业的可持续发展奠定了坚实的基础。

（三）狠抓项目建设，丰富旅游产品

项目建设是全域旅游发展的重要抓手。桃源县重点实施了沅江自然风光带文化旅游开发、"世外桃源"国际文化旅游产业园、桃花源温德姆至尊豪廷温泉度假酒店、星德山地质公园等项目建设，加速推进了老祖岩文化生态旅游区综合开发、乌云界旅游综合开发、栖凤山农业公园等项目落地建设，完成了香山生态旅游综合开发、非遗特色文化旅游小镇开发、万阳山生态旅游综合开发等项目前期工作，同时充分利用湖南省大湘西文化旅游精品线路项目，积极实施乡村旅游民居民宿建设，全县旅游开发建设热情高涨，总体形势平稳向好。

（四）加大宣传力度，开拓旅游市场

全域旅游需要立体化的整合营销支持，桃源县围绕"人间仙境，不在世外，在桃源"的形象定位，开展了立体化的整合旅游营销工作。创新旅游市场营销机制，通过以奖代投、以奖代补等方式，鼓励社会力量参与全县旅游的宣传推广，充分发挥旅游景区(点)、企业特别是旅行社的营销作用，形成宣传推广的合力。动用新媒体，通过网络平台宣传桃源旅游品牌，开辟旅游宣传专栏，借助电视台、报刊、微博微信、户外广告等媒体多平台、多渠道、全方位宣传桃源旅游。重视节会营销方式，积极策划举办乡村旅游活动节、旅游产品推介会等系列旅游节庆活动，吸引旅游者，集聚人气，拉动消费，进一步拓展旅游市场。

三、发展展望与对策

(一) 发展展望

以全国全域旅游示范区创建为抓手，发挥山水生态优势，充分挖掘文化资源，抢抓文旅大融合契机，理顺协调机制，丰富产品业态，拓展潜在市场，逐步形成结构合理、特色突出、管理规范、效益明显的全域旅游发展格局。下一阶段旅游业发展的主要目标为接待国内外游客量650万人次以上，旅游综合收入达到60亿元以上，为全国全域旅游示范区创建打下基础。

(二) 发展对策

第一，精心培育旅游产品。桃源县全域旅游发展，应该围绕"一江"(百里沅江)、"一城"(以桃花源为文化核心的历史文化名城)、"一叶"(富硒茶叶)、"一寨"(牛车河土家边寨)、"一海"(万亩竹海)，着力引进资金实力雄厚的投资商开发建设、专业素质过硬的管理团队运作经营，重点培育桃花源温德姆至尊豪廷温泉度假酒店、栖凤山田园小镇等一批旅游精品项目，全力打造一批富有吸引力的旅游产品，形成旅游业发展的核心竞争力。

第二，努力打造旅游品牌。桃源县全域旅游发展，应以枫林花海创国家AAAA级景区为契机，大力实施品牌战略，铸造桃源县的核心品牌；同时积极开展乡村旅游特色镇(村)、湖南省五星级乡村旅游接待区(点)、精品民居民宿、旅游购物示范点、工（农）业旅游示范区、研学旅行基地等品牌创建工作，重点打造枫林花海、夷望山水、栖凤朝阳、边寨遗风、茶庵印象等精品旅游景区景点，形成旅游景区景点品牌体系，发挥旅游品牌效应，带动周边地区旅游业发展。

第三，积极创新营销模式。创新旅游市场营销模式，对于全域旅游发展意义重大。尤其是桃源县情况更加特殊，在桃花源国家风景名胜区划归常德市管理后，在科学利用桃花源品牌和桃花源风景名胜区的旅游影响力方面应该作出更多的探索。针对客源市场组织开展形式多样的宣传活动、节会活动，借助网络、新闻媒体、户外广告等进行营销推广，不断提高桃源旅游知名度和美誉度；与周边地区景区对接合作，推进合作式旅游市场营销，构建"区域联动、资源共享、优势互补"的联合促销体系；主动出击深耕旅行社、采风团推介线路产品，实现更多游客来桃，更多的旅游线路产品上架销售。

第四，全面提升行业管理。全域旅游发展，行业管理水平是重要标志。桃源县应该继续加大旅游安全管理，严格落实企业安全生产主体责任，大力督促隐患整改，坚决筑牢旅游安全生产防线；加强旅游业务培训、日常教育培训，切实提高从业人员业务能力和整体素质；严格旅游资源管控，进一步规范旅游项目准入条件，切实处理好旅游资源保护与开发之间的关系。

B.11　2018 年临澧县旅游业发展报告

临澧县旅游资源特色突出，县委、县政府高度重视旅游业发展，旅游业呈现出健康稳步发展的良好趋势。2018 年，临澧县旅发委在市文化旅游广电体育局的领导下，紧紧围绕"开放强市、产业立市"发展战略，大力实施《全域旅游产业发展三年行动方案》，坚持整体联动、全面推进，有力促进了临澧县旅游工作的开展。2018 年累计接待国内旅游者 212.32 万人次，实现旅游总收入 10.2 亿元。

一、总体发展形势

(一)旅游住宿业

从临澧县住宿业规模看,呈现增长态势。截至 2018 年底,共建设金帝国际大酒店、天鹅湖国际大酒店 2 家星级旅游饭店;待评星级酒店 4 家,其他规模酒店 7 家。此外,规模星级乡村旅游点 6 家,一般农家乐 17 家。总体看来,临澧县的住宿接待水平有所提高,住宿档次也在逐步上升。

(二)旅游景区

临澧县确定了"湖湘康养休闲旅游福地"的总体定位,全力打造"红色旅游"和"休闲旅游"两大品牌,临澧县共有国家 AAAA 级旅游景区 1 个、国家 AAA 级旅游景区 1 个、国家 AA 级旅游景区 1 个、五星级乡村旅游点 6 家、农家乐 17 家。各旅游景区积极开展户外宣传,在主要公路干线、高速公路入口处设立大型旅游宣传牌、景区景点指示牌。临澧县高度重视旅游基础设施的配套,大力推进旅游景区的建设。

(三)旅游商品

临澧县旅游商品丰富,富有特色且质量上乘,农副产品有临澧黄花鱼、中华脆蜜桃、杂柑、茶叶、猕猴桃、赵家葡萄、陈二郎原生态茶油、伍大姐系列风味食品等,手工艺品有双虎座凤鸟鼓架、神之韵竹木工艺品、茶木拐杖等。临澧县高度关注旅游商品业的发展,致力培育品牌影响力,积极组织相关企业参加旅游商品博览会、2018 年中国旅游商品大赛、上海国际旅游交易会等对外推介活动,其中中泰特种设备防刺手套、缆绳和绿芯生态莲子莲芯入围湖南省优秀旅游商品奖。

(四)旅行社业

临澧县旅行社业呈现高速增长态势,发展前景看好。2018 年,临澧县旅行社及门市部由原来的 6 家发展到 13 家，经营业务范围逐渐扩大，服务质量稳步提升。在旅行社业快速发展的阶段，临澧县旅游部门加大管理力度，督促各旅行社按时按量缴纳服务质量保证金、责任险；认真对待市场秩序治理，严肃处理相关违规事件，同时鼓励旅行社加强区域战略合作，共同策划推出旅游精品线路，拓宽旅游客源市场。

（五）乡村旅游

临澧县乡村旅游具有较好的基础，进入了创新发展阶段，以农业观光和休闲农业为主，逐步向以观光、考察、学习、参与、康体、休闲、度假、娱乐等为一体的综合型方向发展。现有五星级乡村旅游点 6 家，分别是伍大姐幸福农庄、宋玉城休闲度假中心、长湖农庄、南林地生态家园、鼎益生态农庄和福船湿地旅游度假区。各乡村旅游点各具特色，伍大姐幸福农庄主要以系列商品为特色；宋玉城休闲度假中心依托宋玉古城文化，开发黄花鱼特色美食；长湖农庄以湘西小背篓餐饮为特色，打造湘西饮食文化品牌；南林地生态家园主要以园林景观为特色，举办花招节引人参观游玩；鼎益生态农庄以柑橘种植、花猪养殖等产业为特色，开展多产业联合创新发展模式；福船湿地旅游度假区以停弦古渡历史文化为底蕴，打造集娱乐休闲、运动体验、实践教育于一体的滨水生态文化旅游度假胜地。临澧县高度重视乡村旅游的公共服务配套，2016 至 2017 年新建改造厕所 20 座，2018 年改造厕所数量相比前两年有所增加，切实落实《厕所革命三年行动计划》的要求，不断夯实乡村旅游发展的基础设施。

（六）旅游市场营销

临澧县十分重视旅游业的市场营销，在旅游市场营销工作上硕果累累。2018 年是常德全市"旅游宣传营销年"，根据全市统一部署，临澧县旅游发展委员会制定了《旅游宣传营销方案》，把打造节庆活动品牌、抓好信息平台建设、加强旅游形象宣传作为旅游宣传的主要内容。建立临澧旅游微信服务公众号；聘请专业团队，高标准制作临澧旅游形象宣传片、宣传册；开展户外宣传,在主要公路干线、高速公路入口处设立大型旅游宣传牌;举办开泰山越野露营节、合口美食节、官亭脆蜜桃采摘节等重大节庆活动。通过2018年的系列旅游营销活动,临澧旅游的影响力和知名度得到进一步提升。

(七)智慧旅游

临澧县积极建设智慧旅游,为全域旅游增添助力。2018年,临澧县正式建立了旅游微信公众服务号,定期向外界发布旅游相关信息,粉丝人数逐月增加,成为临澧县全域旅游宣传的重要窗口。正式使用国家等级旅游景区管理系统、旅游管理系统、全国旅游厕所管理系统、全国旅游监管服务平台,后台管理方面基本实现智能化。林伯渠故居景区、旅游星级酒店等地率先使用移动智能充电桩,方便游客携带的设备充电,是旅游单位企业使用智能化服务设备的开端。

(八)旅游新业态发展

临澧县坚持多种旅游发展模式并行,积极推动全县全域旅游稳妥、持续健康地发展。2018年是全域旅游工作的开局之年,"旅游+"模式在临澧县也得到很好的发展,在产业融合的背景下不断创新业态,主要体现在以下两个方面:一是"旅游+农业"在结合面上创新业态,以农业休闲观光和农事体验为主打项目,在细节方面创新收益模式,如福船旅游景区的瓜果采摘衍生的定制化服务,余市长湖农庄荷花观赏配套服务创新,林伯渠故居景区休闲农业观光带综合服务的创新发展;二是"旅游+体育"在活动的服务面上创新业态,综合发展泰山越野露营公园,形成集房车露营基地、越野竞技赛场、拓展训练中心、旅游登山、狩猎场、飞行俱乐部、跑马场等12大项目为一体的综合性场所,在旅游与体育运动乃至娱乐休闲活动方面进行创新性融合,形成新业态。

二、发展经验总结

（一）推进全域旅游发展，领导重视是关键

2018 年，在县委、县政府高度重视下，成立了临澧县全域旅游产业发展领导小组，并召开了全县旅游产业发展工作调度会，制定下发了《全域旅游产业发展三年行动方案》和《全域旅游产业发展 2018 年行动计划》。县政府共召开了旅游专题工作会议 1 次，其他与旅游相关的工作会议 5 次，编制战略性规划、单体建设规划等旅游规划近 10 个；并在"强化领导，压实责任；明确任务，分工合作；开展督查，促进落实"24 字方针的指导下，形成了各级领导干实事的良好格局，营造了全力发展全域旅游的良好氛围。

（二）推进全域旅游发展，旅游项目（品牌）建设是中心

临澧县高度重视项目建设并致力于品牌创建，林伯渠故居景区获评湖南省五大红色教育示范基地之一和"潇湘红八景"之一；福船旅游景区创建为国家 AAA 级旅游景区；鼎益生态农庄和南林地生态家园成功创建为湖南省五星级乡村旅游点。项目建设和品牌创建为临澧县旅游业发展奠定了良好基础，临澧县委、县政府更加坚定了旅游项目建设的信心，目前林伯渠故居景区、丁玲故居、太浮山景区、青山水利工程风景区、福船景区、开泰山越野露营公园、官亭湖景区等在积极引进社会资本，大力推进重点项目建设，成效显著。

（三）推进全域旅游发展，资金引进是基石

临澧县高度重视旅游发展的争资引项和招商引资工作，争取到"湖南省精品旅游线路重点县"2017 年和 2018 年专项资金共 2 300 万元，为项目建设和招商引资打下了良好的基础，吉瑞置业有限公司、龙行天下开发有限公司、深圳保利文化发展有限公司、香港百达金融集团等投资的社会资本纷纷引入到临澧县全域旅游发展项目建设行列中，为临澧县全域旅游的发展提供

了强有力的后盾。

(四)推进全域旅游发展,旅游宣传是重心

临澧县十分重视旅游市场营销工作,聘请专业团队,高标准制作临澧旅游形象宣传片、宣传册,在主要公路干线、高速公路入口处设立大型旅游宣传牌、景区景点指示牌,在微信旅游服务公众号的运营上,推出特色旅游线路,不定时发放旅游小福利,争取举办常德市各大节庆活动的配套活动,鼓励旅游企业积极参与举办相关活动,临澧旅游形象的影响力和知名度得到进一步提升。

(五)推进全域旅游发展,安全监管是保障

安全重于泰山,临澧县严肃旅游安全监管。一是建立健全安全生产制度,各级政府部门抓紧出台有关安全生产的制度手册,规范安全生产过程。二是开展安全生产培训,各级政府部门加强对有关生产部门人员的安全生产培训工作,提高安全生产意识。三是严格检查监督,不定期进行检查,确保了临澧县旅游行业安全生产零事故。

三、发展展望与对策

(一)发展展望

下一阶段,临澧县将继续踏实走好全域旅游发展的每一步,进一步夯实旅游业基础。临澧县全域旅游发展有更明确的的目标,下一年争取完成项目开发资金投入 10 亿元,游客接待人数达到 400 万,旅游总收入达到 15 亿元,旅游从业人员达到 1.5 万人,新创建国家 AAA 级旅游景区 1 家,五星级乡村旅游点 2 家,省级农业旅游示范村 1 个。

(二)发展对策

第一,明确发展理念。全域旅游发展理念正式成熟,国家文化和旅游部正式出台了《国家全域旅游示范区验收、认定和管理实施办法（试行）》和《国家全域旅游示范区验收标准（试行）》，临澧县要进一步领会全域旅游发展理念，全面实施《临澧县全域旅游发展三年行动计划》，按照县委、县政府"一年起好步、两年上台阶、三年见成效"的总体要求，明确年度工作目标，力争良好工作成绩。

第二，突出重点工作。努力做好两个方面的重点工作：一是推进旅游产品开发。完善以林伯渠故居景区为龙头的红色旅游产品开发，加快林伯渠故居景区、丁玲故居、青山水利工程风景区项目建设，突出临澧县红色旅游品牌，打造常德市红色旅游名片；推进以太浮山为主要景点的绿色旅游产品开发，加速太浮山风景名胜区、官亭湖景区、福船湿地旅游度假区等绿色景区项目建设，突出最美山水特色；挖掘以宋玉城为重点的古色旅游资源，抓好宋玉城景区遗址遗迹恢复和青山崖墓群、九里楚墓群项目开发建设，突出湘风楚韵特色；不断完善开泰山汽车越野露营基地设施配套和功能区域建设，打造全国汽车运动基地；全面完成五环时代全民健身中心、老年人养护院、医养康复医院等康养项目建设。二是积极争资引项。积极与省市衔接，确保已申报项目补助资金落实到位，同时多渠道争取政策扶持；加大招商引资力度，策划项目包装，诚邀有实力的公司企业到临澧县调研考察，投资文旅开发，争取有 2～3 个文旅康养优质项目落户临澧县。

第三，创建旅游品牌。大力创建三个旅游品牌：一是争创特色旅游品牌，积极指导督促太浮山风景名胜区按照标准开展创建工作，争创国家 AAA 级旅游景区，同时鼓励开泰山露营公园争创国家汽车运动基地，重点发展水阁桃源、望城五彩生态园等乡村休闲旅游品牌。二是打造优质服务品牌，以增强旅游企业发展软实力、改善投资环境、完善服务体系为目标，不断优化市场发展环境，提升旅游服务质量和水平。三是创建平安景区品牌。抓好旅游安全管理，争创 1 家平安景区。

第四，强化保障措施。下一阶段，临澧县旅游应该从四个方面重点发力。一是着重培训提素质，加强业务培训、上岗培训和日常教育培训，提高文旅康养从业人员业务能力和整体素质。二是强化宣传造氛围，通过媒体宣传、活动聚焦、产品推介、打造精品线路、加强合作共赢等形式,提升整体文化旅游形象,拓展旅游市场。三是抓好督查促进度,加强调研指导、不定期检查督导,及时掌握项目进展情况,促进各项工作落实。四是严格考核求实效,将全域旅游产业发展工作纳入绩效考核,考核结果作为乡镇和县直单位评先评优的重要依据。

B.12 2018 年石门县旅游业发展报告

石门县旅游资源丰富,旅游业发展起步早、水平高,是全国第一批全域旅游示范县创建单位,也是常德市唯———家入选了全国全域旅游示范县创建名单的单位,在全域旅游创建工作方面具有很好的基础。2018 年,石门县旅游工作在县委、县政府的正确领导和上级旅游部门的大力支持下,围绕县委、县政府"开放强县、产业立县"推进文旅康养产业发展的工作部署,以"国家全域旅游示范县"创建为目标,凝聚全县上下共识,突出工作重点,强化工作措施。共接待国内旅游者 644.67 万人次,实现旅游综合收入 51.31 亿元。在第二届湖南全域旅游与县域经济发展研讨会暨《2018 湖南县域旅游经济增长质量报告》发布会上,跻身"综合指数前 20 强"(排第 13 位)和"社会贡献最优前 10 强"(排第 3 位)。

一、总体发展形势

(一)旅游住宿业

石门县旅游住宿业发展水平较高,规模较理想。截至 2018 年底,有四星级旅游饭店 1 家(尧业国际大酒店),三星级旅游饭店 2 家(石门国际大酒店和喜来乐大酒店),二星级旅游饭店 1 家(东汉大酒店),其他各类宾馆、酒店、旅舍 477 家,客房 7 098 间,床位保有量 12 113 张。引进了在建的锦江国际酒店、禾田居酒店等一批高星级酒店入驻,服务水平不断提升。鼓励和支持民间资本推进星级旅游饭店建设,鼓励发展家庭旅馆和各类新型住宿等业态,形成安全卫生、服务优良、档次可选的住宿接待体系,满足旅游者的多元化消费需求。

(二)旅游景区

石门县多年来一直致力于旅游景区建设,品牌旅游景区拥有量位居全省前列。截至2018年底,全县共有国家等级旅游景区4家,其中国家AAAA级旅游景区1家(夹山旅游景区)、国家AAA级旅游景区3家(壶瓶山大峡谷旅游景区、龙王洞景区、文庙)。另外,还有湖南省五星级乡村旅游区(点)10家(2018年新增石门县仙阳湖半岛度假村1家)。景区经营效益理想,2018年旅游景区接待游览人数约453万人次,门票收入约3 500万元。为响应国家景区门票降价的号召,改变旅游收入过度依赖门票收入的局面,各景区结合实际发展多元业态带动经济发展,夹山旅游景区把游乐产业作为景区旅游经济新的增长点,鼓励林场下岗职工、村级集体大力发展游乐产业,以此带动餐饮、民宿等配套性旅游服务业的发展,取得了良好的经济效益和社会效益。据统计,2018年夹山旅游景区游乐产业旅游收入超过300万元,带动其他产业增收近500万元,为下岗职工及附近村居民提供就业岗位超过100个。"5·19中国旅游日"当天,近3万人进入夹山旅游景区、龙王洞景区、壶瓶山大峡谷旅游景区等景区参观,旅游综合收入上亿元;十一期间,全县接待游客55万人次,同比增长24.70%;监测景区接待游客7.3万人次,实现门票收入184.46万元,同比增长50%;旅游综合收入3.6亿元,同比增长37%。

(三)旅游商品

石门县旅游商品开发走在常德市前列,取得了较理想的成绩。截至2018年底,共有旅游购物点5家,其中省级旅游购物示范点3家,分别为翚哥野生素食研制中心、宏欣商贸中心和壶瓶山茶叶公司。根据产业发展特点,石门县开发了石门柑橘、石门茶叶、石门土鸡、马头羊、土家腊肉、望阳麻花、璞谷雕彩岩画、浑彩画、夹山窑系列茶具等一系列具有土家特色的旅游商品，并形成了以壶瓶山茶业有限公司、盛节节高食品股份有限公司、仙阳湖特色旅游商品开发中心、石门特会展中心等为代表的一批旅游商品生产企业，铸造了以石门银峰、石门柑橘、冠云牌茶叶、壶瓶山牌茶叶等为代表的旅游商品品牌，2018 年全县旅游商品综合收入 2 500 万元。

（四）旅行社业

石门县旅行社业发育较好，共有旅行社 5 家（2018 年新增骑象旅行社 1 家），其他各大旅行社服务网点（营业部）10 余家，主要以组团出游业务为主，各家旅行社紧扣标准化、规范化、优质化、人性化要求，提升服务质量，让游客能够玩得开心、吃得放心、住得舒心，连续多年未出现旅游安全事故。石门县充分发挥本地旅行社作为产品整合平台的作用，依法整合与淘汰小、散、差及不规范的旅行社，鼓励和支持品质优良的旅行社发展，积极引导、鼓励县内外各种社会经济力量在县内组建旅行社，吸引长沙等地的大旅行社来石门设立分支机构。将旅行社总数达到 10 家、国际旅行社分支机构实现零的突破作为"十三五"时期的发展目标。

（五）乡村旅游

石门县结合乡村振兴战略的实施，将农村生态、民俗文化、农副产品等资源在旅游产业链中的作用巩固加强，提高乡村旅游效益，促进乡村旅游蓬勃发展。通过乡村旅游节庆活动实现乡村文化与旅游的结合。2018 年共举办系列节庆活动 12 场：1 月罗坪长梯隘土家族民俗活动，2 月孝山冬祭·壶瓶山北溪河第四届年猪文化节，3 月石门县江家湾第五届牛灯节、石门县第二届梨花节，4 月石门第十六届茶文化活动、石门壶瓶山守根文化旅游活动，5 月桃花山遇见不一样的"李"采摘·美食活动、"溇澧欢歌"文体活动，6 月夹山"锦溪蜜桃节"，7 月蒙泉两河口摸鱼大赛，8 月南北镇知青纪念碑开工奠基和帐篷节以及从 9—12 月的 2018 年第十八届湖南石门柑橘节暨文化旅游季系列活动（包括东山峰帐篷节、柑橘节、"巅峰湖南·2018"六大名山连登积分联赛石门壶瓶山站登顶壶瓶主峰、维新镇九九重阳文化旅游节和农民丰收节），形成"月月有活动，季季有精彩"的热闹局面，产生了良好效果。其中 3 月"桃花山系列旅游活动"吸引游客近 10 万人，综合收入 100 余万元；"夹山桃花山遇见'李'水果采摘季"两天接待游客近 2 万人，销售桃李 3 万余斤；夹山福田农耕园首次推出"锦溪水蜜桃"，线下举办"桃跑"活动销售 8 万余斤蜜桃，线上京东完成 63 541 元销售，超众筹目标 424%。全域旅游的"旅游 + "战略，为百姓带来了实实在在的收益，乡村旅游发展势头正旺。同时乡村旅游业的发展，在稳固脱贫方面表现出了良好效果，白云山林场金环村、罗坪乡长梯隘村、壶瓶山镇壶瓶山村等地旅游扶贫成效明显，其中罗坪乡长梯隘村、南北镇薛家村旅游扶贫工作被列为全省《让美丽战胜贫困》55 个旅游扶贫经典案例；全县 8 个旅游产业项目帮扶村，共有建档立卡贫困户 1 287 户 4 221 人，2017 年全部实现脱贫摘帽，旅游扶贫带动脱贫贫困户 2 535 户 8 365 人，占脱贫总人数的 10%。2018 年乡村旅游的持续发展，当地经济社会发展势头更加稳固。

（六）旅游市场营销

石门县按照常德市统一部署实施"旅游营销年"计划，2018 年投入宣传营销经费 500 余万元，开展立体化旅游市场营销行动。第一，高度重视节会营销，相继举办了壶瓶山守根文化旅游活动、夹山桃花节、第十六届茶文化活动、第十八届石门柑橘节暨文化旅游季等一系列活动。第二，全力宣传整体形象，石门旅游形象进入"中国推介"，应国家、省、市文化和旅游部门邀请，相继赴香港、武汉、北京、上海推介石门旅游和禅茶文化，特别是第 32 届香港国际旅游展，石门禅茶表演及旅游推介在展会期间连续举办了近 30 场，获得国家文化和旅游部、省旅发委领导和广大游客的一致好评，在 55 个国家 670 家参展商心目中留下了美好记忆，石门旅游和禅茶文化形成了良好的国际影响。第三，形成立体营销手段，在石长动车、长株潭城际列车和长张高速投放石门旅游宣传广告；中央电视台、湖南卫视、湖南经视、浙江经视等媒体到石门进行文化旅游专题宣传拍摄；在《湖南旅游》杂志上刊登石门壶瓶山旅游专题报道；在 6 月 21 日和 10 月 30 日的《中国旅游报》上分别刊登了《石门结合旅游厕所革命助推脱贫攻坚》和《金色柑橘引客来》的报道。

（七）智慧旅游

石门县大力推进智慧旅游建设，为加快国家全域旅游示范县创建，完善智慧旅游建设，已投入 100 多万元完成县旅游公共服务信息平台一期开发项目建设，现已开始运营，具体包括综合管控平台系统、景区客流统计分析系统、景区智能视频监控系统、官方微信公众服务平台系统和人流统计监控摄像头五部分，可提供景区攻略、语音导览、旅游咨询、投诉建议以及客流统计分析等旅游服务。

（八）旅游新业态发展

全域旅游发展理念就是要鼓励旅游业跨界融合发展，培育新业态。自从进入首批全国全域旅游示范县创建行列以来，石门县全力促进旅游和农业融合发展，利用橘、茶特色产业基础，孵化新业态，在线路层面上大力加入新内容，建设了秀坪园艺场采橘游、白云山采茶游等一系列新业态组成的旅游线路；在服务层面上不断优化流程，做出新特色，开发了夹山禅修养生、禅茶文化旅游和健康养老旅游；同时，湘佳牧业正在积极申报湖南省工农业旅游示范点，长梯隘土家民俗体验等文化旅游产品也包含着新业态的大量基因。全力促进旅游和体育融合发展，青山溪户外徒步旅游等旅游新业态展示出了足够的发展后劲；仙阳湖垂钓旅游孕育了大量新业态；东山峰滑雪场已成为具备接待团队游客的滑雪目的地，成为南国少有的滑雪体育旅游产品。全力促进旅游和教育融合，充分利用各种资源，建设紧密结合中小学教育的各种自然、社会、文化课堂，多方面发力，创建中小学生研学实践教育基地和研学旅行基地。

二、发展经验总结

(一)领导重视,形成全域旅游示范县创建工作机制

县委县政府常态化研究推进旅游工作,常委会、常务会、县长办公会专题听取旅游汇报;县委书记谭本仲对县级游客中心、禾田居十九峰森林康养、夹山旅游景区等重点项目和全县旅游产业进行了专题调研,12 月带领县文旅康养领导小组成员赴广西开展了为期一周的专题调研学习;县长郭碧勋、县委宣传部长何彦兵等领导更是常态化调研旅游产业发展现状,协调解决项目建设问题。成立了由县长担任主任的石门县旅游发展委员会,单设石门县全域旅游发展中心正式运行。根据"开放强县、产业立县"工作部署,成立了由县人大常委会主任李金生任组长的石门县文旅康养专项小组,明确了 24 个重点项目,正式开工 18 个。财政年度预算安排旅游专项发展资金 500 万,用于旅游规划编制、基础设施建设和旅游宣传促销等工作,整合不少于 2 亿元资金用于旅游产业发展。出台《石门县促进旅游产业发展奖励办法》,极大刺激和鼓励了旅游企业和民间资本投身石门旅游事业发展的信心与决心。

(二)项目建设,形成全域旅游示范县创建中心工作

完成涉旅投入 9.6 亿元,争取到位、使用省市旅游专项资金 4 500 余万元;大力推进大湘西精品线路沿线标志牌、旅游厕所等配套项目建设,重点支持夹山旅游景区、大壶瓶山区域、罗坪、仙阳湖等地旅游项目建设;指导和激励乡村旅游区(点)和农家乐建设;南北镇薛家村、新关镇新关社区居委会、夹山镇杨坪社区居委会、楚江街道龙凤社区居委会、蒙泉镇望仙树村 5 个村新纳入全省大湘西地区文化生态旅游精品线路景点集群,至此石门县 19 个旅游特色村镇进入该项目。成功引进世界 500 强太平洋建设集团投身石门全域旅游产业,引进投资 100 亿元的东山峰国际旅游度假区项目、投资 2 亿元的印象维新生态旅游综合开发、投资 2.7 亿元的热水溪温泉谷等旅游项目。

（三）品牌创建，形成全域旅游示范县创建核心标识

在全面优化发展环境、大力推进产业发展中，2018 年全县旅游品牌创建进入历史最活跃时期，9 家单位同时申报创建。龙王洞申报国家 AAAA 级旅游景区，长梯隘申报国家 AAA 级旅游景区；白逸迩阁书院、邱家湾鸵鸟山庄、仙阳湖半岛度假村等 3 家单位申报省级五星级乡村旅游区（点）；湘佳食品产业园、溧峰名茶有限公司、璞谷等 3 家单位申报省级工业旅游示范点；壶瓶山茶叶公司申报省级旅游购物示范点。2019 年 1 月 18 日，省文化和旅游厅对石门县仙阳湖半岛度假村和壶瓶山茶叶公司创评结果进行了公示。

（四）跨界融合，形成全域旅游示范县创建联动效应

石门县全力推进旅游业与农业、林业、工业、文化体育、健康养老、商务会展等多方面的深度融合，将全域旅游创建与精准扶贫、新型城镇化建设、美丽乡村建设、生态文明建设、产业转型升级有机结合，大力实施"旅游 +"战略，形成了"一业带动、多业融合、联动发展"的格局。

三、发展展望与对策

（一）发展展望

今后一段时期，石门县应以习近平新时代中国特色社会主义思想为指导，全面贯彻党的十九大和中央、省委、市委、县委经济工作会议精神，紧扣人民日益增长的旅游美好生活需要和不平衡不充分的旅游发展之间的矛盾，按照发展优质旅游的要求，大力开展全域旅游示范县建设，以大项目支撑大旅游、以大品牌提升大旅游、以大配套完善大旅游、以大宣传叫响大旅游、以大标准规范大旅游，全面吹响向全域旅游进军的冲锋号。

（二）发展对策

第一，准确理解全域旅游理念，致力推进旅游业优质发展。作为常德市

唯一一个列入全国首批全域旅游示范县的创建单位，石门县要及时全面领会全域旅游发展理念。2019 年，全域旅游发展理念正式成熟，国家文化和旅游部正式出台了《国家全域旅游示范区验收、认定和管理实施办法（试行）》和《国家全域旅游示范区验收标准（试行）》。作为具体的创建单位，石门县要以十九大精神为指针，从根本上把握旅游发展的基本指导思想，以科学预测为依据，以科学规划为蓝本，确保旅游业优质发展。

第二，全面推进旅游项目建设，扎实保障旅游业基础稳固。进一步加快项目推进力度。以项目建设为龙头全面推进文旅康养产业大融合、大提升，加快推进夹山旅游景区、龙王洞旅游区、壶瓶山旅游景区、维新热水溪温泉谷等旅游建设项目和禾田居、白云山等康养项目以及锦江国际酒店等配套项目建设进程，抓紧完善已签约项目的各项前期工作。进一步加大品牌创建力度。加快夹山旅游景区国家 AAAAA 级旅游景区的创建、龙王洞国家 AAAA 级景区和长梯隘国家 AAA 景区的创建进程，积极推进万里茶道（石门段）申报世界文化遗产，国家全域旅游示范县创建取得明显成效，同时巩固全国森林康养基地试点建设县创建成果。

第三，大力推进招商引资，保障旅游业主体多元。积极对接资本市场，以好思路、好路径、好政策、好环境推动大招商，积极包装蒙泉湖旅游开发、磨市镇红色旅游开发、皂市遗址公园等项目，力争年内与实力企业达成战略合作。

第四，全面推进市场营销，保障旅游品牌。进一步加大宣传推介力度，采取媒体宣传、广告投放、特色活动营销等多种方式，主动对接张吉怀旅游精品线路，深耕长株潭、常德、益阳、荆州、武汉等周边市场，不断巩固和拓展客源市场，提升石门县文旅康养品牌的知名度和影响力。

B.13 2018 年澧县旅游业发展报告

澧县山水风光优美，澧阳平原深厚的文化底蕴赋予了澧县独特的魅力。县委、县政府高度重视旅游业的发展，从 2017 年开始实施旅游升温大会战，以城头山景区创建国家 AAAAA 级景区为重点，以全域旅游示范县和《湖南省精品旅游线路重点县建设指南》为标准，做好旅游规划、产品建设、市场开发、品牌打造、设施配套等五大方面，有序推进旅游产业发展，建设洞庭湖精品旅游线路重点县和湖南省全域旅游基地县。2018 年是澧县旅游升温大会战的第二年，全县共接待国内旅游者 736.12 万人次，旅游总收入 62.56 亿元。其中"十一"黄金周期间接待国内外游客 48.65 万人次，旅游总收入 1.85 亿元。澧县全域旅游项目建设成绩显著，经验成熟，前景无限。

一、总体发展形势

（一）旅游住宿业

澧县旅游住宿业发展水平较高。2018 年共有各类旅游住宿类企业 639 家，其中五星级酒店 1 家，三星级酒店 3 家，其他社会旅馆、宾馆 635 家，共有床位 14 016 个，各类宾馆出租率 84.78%，星级酒店平均出租率 90%，规模和效益较为理想，处在湖南省的先进行列。旅游住宿业的高水平发展既是旅游业发展的一个标志，更为区域旅游业的全面发展奠定了基础。2018 年及未来两年的工作重点是扶持和培育具有龙头带动作用的酒店企业集团，适度发展星级饭店，加强星级饭店的品牌建设。鼓励发展旅游文化主题酒店、会议度假酒店和青年旅舍等满足特定客源群体需求的住宿类型。加快主题酒店、星级乡村酒店、乡村连锁酒店、度假型酒店、汽车旅馆、精致民宿和家庭旅馆的建设步伐，推行产权式公寓、分时度假经营模式，形成以星级饭店为主体，经济型酒店、主题酒店、民宿和其他社会旅馆为补充，分类齐全、布局合理的旅游服务接待格局,同时大力发展绿色饭店,推广绿色酒店标准。

(二)旅游景区

旅游景区是旅游业发展的核心要素,是旅游消费活动的核心载体,旅游景区的数量和品质直接影响一个地区旅游业的发展水平和竞争力。截至2018年底,澧县共有国家AAA级旅游景区2家(澧州古城景区、天供山森林公园),国家AAAA级旅游景区2家(城头山旅游景区、彭山景区),旅游景区建设水平处在湖南省前列。同时,澧县旅游景区建设也取得了突出成绩,天供山森林公园成功创建国家AAA级旅游景区;城头山旅游景区创建国家AAAAA级旅游景区取得重要进展,景观质量等级评定通过省景评委的专家评审会初审,并排队等候国家景评委专家评审会的评审;黄家套田园综合体规划设计方案通过专家评审;澧州涔槐国家湿地公园通过验收,正式成为国家湿地公园。

(三)旅游商品

旅游商品承载了满足旅游者购物需求和传播旅游地形象的双重价值。澧县近年来着力推进旅游六要素体系建设,突出旅游商品的地域文化特色,打造精品旅游商品,扩大旅游购物消费,完善旅游商品结构;建设了旅游商品定点商场,整治了市场秩序,提高了购物服务水平,提升了旅游者满意度。

(四)旅行社业

截至2018年底,澧县拥有旅行社3家,旅行社门市部11家,分公司2家。澧县坚持因地制宜的原则,一方面根据本县旅游业发展阶段和成熟度,合理提升旅行社标准和等级;另一方面培育具有市场竞争力的本土旅行社品牌,鼓励旅行社积极开拓新业务。建立规范化管理竞争机制,全面推行旅行社等级评定,加强年检工作,建立规范的市场准入和退出机制。出台扶持旅行社转型升级的专项政策,全面推动旅行社的信息化转型升级,构建整合线上线下的渠道业务体系,为消费者提供个性化的服务。澧县旅行社业的正常发展，为全域旅游发展作出了突出的贡献。

(五)乡村旅游

2018 年，澧县将乡村旅游与乡村振兴战略结合推进，进一步扩大乡村旅游规模，以休闲度假市场需求为导向，乡村旅游提质升级引导发展。积极推进国家特色景观旅游名镇(村)、中国传统村落、乡村休闲基地、乡村度假区等乡村度假产品体系建设，开展乡村旅游营销方式提升等系列举措，引导全县乡村旅游进一步扩大规模、提升档次，从简单观光休闲向深度休闲度假转变。

(六)旅游市场营销

第一，总体形象推广。强化"中华城祖·世界稻源"总体形象，统一制定宣传方案，确定旅游形象宣传口号、形象标志，建立多语种的旅游宣传推广网站，全方位、多角度推广澧县旅游整体形象。形成全要素全产业链的品牌体系，坚持与全域旅游发展战略配套，坚持市场细分化、产品特色化、服务规范化的原则，依托功能区，围绕核心产品和目的地市场，有针对性地制定宣传方案和营销策略。

第二，整合营销。把旅游宣传统一纳入整体形象宣传的总体战略，全面展开整合营销。建立政府引导、部门协同、企业联手、媒体跟进的"四位一体"宣传营销机制，整合宣传营销资源、创新线上线下营销渠道，建立以公益宣传为主导、提供旅游企业和旅游目的地营销服务的旅游公共宣传和营销中心，形成营销合力。立足传统媒体，同时充分利用微博、微信、微视频等新媒体技术，实施全媒体营销。

第三，旅游节会营销。打造精品节会，持续做好乡村旅游节庆，澧州美食节庆等活动，逐渐将澧州美食节培育成为代表性重大节会。重视目标客源市场的旅游营销，加大宣传推广力度，在主要客源地开办旅游推介会、旅游博览会，向主要目标市场推介澧县旅游。

（七）智慧旅游

将智慧旅游纳入智慧城市建设系统工程中，树立居旅共享的智慧旅游系统理念，推进旅游目的地社会治理能力的现代化。

第一，智慧旅游管理建设。积极参与湖南旅游监管网和湖南省旅游数据中心建设、景区动态监测系统和湖南旅游监管指挥中心建设。构建以旅游信息数据标准和旅游信息云为基础的智慧旅游云计算中心，推进澧县旅游电子商务平台建设。完成城头山、澧州古城旅游区的智慧旅游项目建设，推进旅游企业信息化建设。

第二，智慧旅游营销建设。创新"旅游＋互联网"模式，发展绿色和创新营销，通过微博、微信、微电影、数字旅游、影视植入、在线预订等新技术，实现旅游营销网络的全覆盖。建设旅游营销平台，大力推进旅游电子商务平台建设。

第三，智慧旅游服务建设。参与湖南旅游公共微信微博平台、快乐湖南掌上游（APP）、12301旅游公益服务热线的建设，加大宣传力度。建设旅游咨询服务平台，完成澧县旅游官方网站服务平台建设。加强与金融机构的合作，建设旅游刷卡无障碍示范工程，推动旅行社、宾馆、景区餐饮、娱乐等旅游相关企业和消费场所无障碍刷卡，为旅游者提供便捷、安全的支付环境，提高旅游行业的现代化服务水平。

（八）旅游新业态发展

澧县大力支持旅游融合发展，培育旅游新业态。一方面，旅游与传统部门合作，开发了新型乡村旅游综合体，形成了"现代农业＋旅游休闲＋会议"的旅游融合模式；文化与旅游融合，特别是文物与旅游结合，形成大规模农耕文化旅游业态，创新了考古成就展示、考古遗址公园、传统农业体验、农业工艺过程体验等旅游新业态和新盈利模式。另一方面，旅游与新技术融合，在线上线下结合层面，开始培育全新的旅游业态；此外，旅游与体育、卫生等产业融合发展，推动养生旅游、山地旅游、森林旅游、生态旅游等业态发展。

二、发展经验总结

(一)抓规划,重招商,优化发展格局

第一,规划工作是先导。一是编制《澧县全域旅游发展规划》《澧县西北片区产业发展规划》,均已完成初稿,成为澧县旅游发展的纲领性文件;二是编制完成澧州古城景区总体规划和提质专项规划;三是完成了城头山农耕文化博览园概念性策划。

第二,招商引资是重点。一是及时调整充实旅游招商项目库,编制重点旅游招商引资可行性报告,如天供山招商合作方案、太清山漂流项目可行性分析等,精细化做好项目策划包装。二是邀请鲁班艺术、姑苏园林公司参观考察,着力引进一批战略性投资项目,优化产业发展格局,提升产业竞争力。三是县旅游行政主管部门随县委同去湖北恩施招商考察,学习先进经验并探讨合作途经。

(二)抓项目,重基础,升级产品建设

第一,有序推进重点项目。旅游业的发展,项目建设是实招。澧县县委、县政府高度重视项目建设,主要领导亲自抓重点项目建设,2018年重点项目建设成绩斐然。一是以创建国家 AAAAA 级旅游景区为统揽,城头山景区年内完成投资 7 000 万元,农耕文化博览园完成征地拆迁和立项工作,风情商业街进行土地报批工作,完成稻田彩绘园和古城遗址区的3、4、5号遗迹点的复原展示工作,同时启动大游客服务中心的征拆工作。二是将澧州古城片区打造成为休闲度假型的城市旅游精品,2018年完成投资 2.18 亿元,整体有序推进引澧济澹济涔、老城区三线活水、栗河襄阳河清淤截污、新城区引水及水生态景观五个项目,与绕城慢行道对接、互补。投资 1 014 万元启动澧州文庙本体保护、消防、安防、防雷工程建设,完善澧州古城墙(宋城墙)、沧堰、澧浦楼维护、展示工作,已完成澧州古城墙东门遗址考古发掘工作。三是澧水右岸田园综合体投资 1 500 万元,新建了彭山景区大门和新游

客服务中心，完成思王祠的景观改造，建成地质博物馆和减灾防震体验馆，艳州湿地公园已具备开放条件，新上项目皮家州露营地已动工建设并完成拆迁和道路基础设施建设，钦山生态园围档已完成。四是天供山森林公园投资800万，完成游客服务中心、旅游厕所、广场绿化、标识标牌、景区集中饮水工程、仙女洞内地形图测绘和天供寺游步道建设等工作。正进行生态停车场、通景公路拓宽的土建工程部分、仙女洞改造方案、天供寺观景台等建设方案的施工设计及游客中心的布展、停车场清理、旧楼改造工程和旅游项目招商跟进衔接工作。五是溪上美术馆累计完成投资8 000万元，建设甘溪雷家大院、民俗文化展示馆、游客接待中心及艺术作品创作交流中心，正在进行溪上美术馆艺术品展厅布展、解说系统建设和周边基础设施建设。

第二，乡村旅游工作助力精准脱贫。2018年乡村旅游累计完成投资8 000万元，县旅游行政主管部门对乡村旅游工作加大了资金投入，对千里马农庄、大美家园等乡村旅游点和相关镇累计投入270万元，用于扶持乡村旅游产业发展。全县各旅游企业积极加入到"百企连百村"行动中，对乡村旅游扶贫重点村实施帮扶，取得了较好的成效。核心景区带动扶贫，彭山景区投入扶贫资金30.45万元，扶持村集体建立油菜基地，水产养殖等脱贫扶持项目，帮助贫困户参加新型社会养老保险。城头山景区、彭山景区在运营中发挥景区辐射带动作用，为贫困村、贫困户农副产品等提供销售渠道，也为当地老百姓创造了更多的就业机会，直接拉动417户贫困人口脱贫致富。旅游企业带动扶贫，金龙玉凤饭店2009年成立了励志家园，长期资助46名孤儿和贫困学生；百事通旅行社在航天研学中对特困生活动费用全免，并对结对帮扶村贫困户进行慰问。

（三）抓推介，重合作，提升品牌形象

第一，节庆活动亮点纷呈。2018年共组织大小活动28次，先后组织了"七彩油菜花节""彭山景区第三届屈原祭大典""甘溪滩镇首届树莓文化节""千里马萤火露营暨稻田世界杯""城头山第三届稻田彩绘节暨首届文化艺术节""复兴镇螃蟹美食节""黄家套稻草人旅游节""黄家套篝火狂欢会"等活动，提高了澧县旅游的知名度美誉度，进一步聚集了澧县的人气。

第二，重大旅游活动成效显著。澧县组织的重大旅游活动产生了良好成效，特别是"港澳旅行商锦绣潇湘行"、2018 城头山·全国考古遗址保护与利用论坛，进一步整合了旅游资源，推介了澧县旅游精品，促进了交流与合作，培育了境外旅游市场。2018 年，城头山景区赴成都、杭州、广州等直航城市开展常德旅游线路品牌推介，跟鸭脚板、长沙信达、益阳平安、湖南旅游、常德中旅、桃源平安、常德海外、常德亲和力等旅行社都有合作，输送游客约18.1 万人次。彭山景区跟荆州大自然、长沙信达、常德易游、常德亲和力、海外旅、国旅等旅行社都有合作，输送游客约 3.5 万人次。参加了中国湖南（第九届）旅游产业博览会暨首届湖南旅游装备展，城头山有机紫米获得大赛银奖。

第三，营销手段不断创新。一是充分利用新媒体和自媒体宣传平台如县旅游行政主管部门、宣传部微信公众号和县政府网站发布旅游信息，共推出各类新闻稿件近200 篇，同时彭山景区筹办的全国人民写彭山暨彭山之恋电影启动仪式开机；二是摆放智慧旅游电子宣传平媒或借助已有电子显示屏在等级景区、车站、星级饭店等地播放旅游宣传片，对澧县旅游进行全方位宣传；三是与央视4 套《城市 1 对 1》栏目合作，节目组对澧县景区及乡村旅游点采访拍摄，宣传澧县的名胜古迹、风土人情。

（四）抓管理，重质量，提升行业品质

第一，强化旅游安全管理。一是截至目前，县旅游行政主管部门共进行"四不两直"安全生产检查 20 多次，责令整改 8 家，有效整治了旅游市场环境，为游客提供一个安全有序、公平放心的旅游消费环境。二是在低温雨雪天气、汛期等特殊时段，及时排查全县旅游景区地质灾害隐患，提出防治措施和要求。三是认真开展好"强执法，防事故"和"安全生产月"各项工作。

第二，狠抓等级评定工作。百事通国际旅行社正在评定四星级旅行社，已通过初评。茉莉花酒店正在申报评定四星级旅游饭店。组织各旅游企业进行消防安全培训。

第三，积极开展"文明旅游"。一是利用旅游手绘地图、旅游画册、旅游广告牌，宣传文明出游，引导游客树立正确的旅游观。二是组织旅游企业从业人员进行培训，提升旅游从业人员的综合素质，给游客提供更优质的服务。

三、发展展望与对策

（一）发展展望

澧县旅游升温大会战三年行动即将收官，意义重大，全县旅游工作的总体思路按照省、市旅游工作的统一部署，紧抓国内全域旅游建设机遇，依托"城头山"这个全国唯一、世界少有的文化旅游品牌的带动作用，同时抓好其他重点景区的建设，优化乡村旅游产品，构建"核心龙头带动 + 精彩示范驱动 + 品质乡村田园 + 全城智慧旅游"开发模式，建设世界文化遗产引领下的全域旅游基地县，打响"中华城祖·世界稻源"品牌。

（二）发展对策

第一，实施系统营销，塑造品牌形象。围绕"中华城祖·世界稻源"这个龙头品牌，以"组织节庆活动造亮点、举办高峰论坛聚焦点、邀请文化名人炒热点"的"三点营销法"为主，打造"锦绣潇湘　澧好精彩"（中华城祖·澧好精彩）的澧县旅游品牌。一方面加大旅游品牌创建力度，尽可能多地创建"等级高、口碑好、有价值"旅游品牌。城头山景区要做好创建国家 AAAAA 级旅游景区的各项工作；澧州古城要按照国家 AAAAA 级旅游景区的标准设计和建设，适时申报国家 AAAA 级旅游景区；天供山森林公园完成创建国家 AAA 级景区的目标任务。另一方面组织好节庆活动，采取"政府主导、企业主体、市场运作"的方式，充分发挥景区（点）积极性，组织各季节旅游节庆活动，提升人气。重点是举办好"中国城头山世界城市文明论坛"，争取全国友协的支持，与世界有名的几大名城，如秘鲁的马丘比丘、意大利的庞贝等所在地结成友好城市，提升澧县知名度。同时要加大广告投放，完善二广高速常德段国家 AAAA 级旅游景区专用标识牌和户外广告牌的设置；在省市电视台和周边市县电视台播放 3 分钟及 1 分钟版本的旅游宣传片。

第二，抓好旅游产业融合，构建产业体系。牢固树立"大旅游"理念，扎实推进旅游业纵向延伸、横向融合，以龙头景区——城头山景区创建国家 AAAAA 级旅游景区为重点、同时抓好澧州古城景区的扩容提质、澧水右岸田园综合体、城头山特色小镇、星子山溶洞群地质公园、涔槐国家湿地公园、天供山森林公园等几个重点景区的建设，优化乡村旅游产品，着力把旅游业打造成撬动高质量赶超发展的主导产业。

第三，突出配套要素，加快推进游客满意度提升。一是加快推进游客集散中心建设，不断完善旅游交通、住宿、餐饮、产品预订等集散服务功能。二是采取"先建后补、以奖代补"的方式，继续推进旅游"厕所革命"工作，重点抓好旅游景区、乡村旅游点等场所的厕所建设与改造提升，全面完成全年目标任务。三是充分发挥旅游商品设计大赛、旅游商品评选的辐射和带动效应，支持一批具有艺术性、实用性、文化性的特色旅游商品企业做大做强，在车站、旅游景区设立旅游购物商店，集中建设一批旅游购物街区。

第四，推进智慧旅游，促进旅游管理创新升级。一是启动大数据分析平台建设工作，开启智能的服务阶段，借助大数据分析了解游客的消费偏好，分析预测潜在的客源市场以及营销投放区和路径，提高营销精准度。二是建成景区车辆分流系统、智能停车场系统、自动售票系统等，完成智慧景区建设工作。

B.14 2018 年津市市旅游业发展报告

津市市历史上曾经有"小南京"的说法，随着商业的发展，旅游现象出现较早，商旅服务业发育也较早。同时，旅游资源特色突出，旅游业发展前景好。津市市委、市政府十分重视旅游业发展，将旅游业作为兴市旺市的战略性支柱产业培育，旅游业不断健康发展。在市委、市政府的正确领导下，

2018 年津市旅游业发展取得了理想成绩，旅游经济指标稳步增长，全市接待国内旅游者 182.62 万人次，实现旅游业总收入 16.2 亿元，为"十三五"旅游业发展指标的全面完成打下了坚实基础。

一、总体发展形势

（一）旅游住宿业

津市市历史上就有经营住宿业的传统，依托水运发展的早期商旅经验影响着当地居民对发展接待业机会的敏感性。随着旅游业的逐步稳健发展，住宿业逐渐发展了起来。截至 2018 年底，全市共有旅游住宿企业 163 家，床位 4 587 张，其中三星级宾馆 1 家。标准旅游住宿业总体规模不大，主要集中在城区；近年来乡村旅游发展速度加快，各类新型住宿业态开始在乡镇发展，势头良好。同时湖南维也纳酒店集团将在津市市投资 2.5 亿元建设四星级酒店，项目建设将全面提升津市市的酒店业水平。

（二）旅游景区

积极建设旅游景区，创建品牌旅游景区，是历年的重点工作。截至 2018 年底，建成了国家 AAA 级旅游景区 2 家，分别是毛里湖国家湿地公园旅游景区和药山文化旅游景区；湖南省五星级乡村旅游点 4 家，分别是半岛农庄、三禾鱼蟹园、绿岛蓝湾、青苗社区。

（三）旅游商品

津市市旅游商品业依托地方特产进行发展，既有百年传承的老店品牌，也有新近开发的时尚美食。主要以糕点、特色食品为主，主要有张老头牛肉干、华华糕点、药山福田米、灵犀山茶油、孟姜女老姜糖等品牌，其中孟姜女老姜糖在 2018 年湖南省旅游商品大赛中荣获铜奖。

（四）旅行社业

旅行社业在津市市发展平稳。截至 2018 年底，全市共有旅行社及营业网点共 18 家，其中本地旅行社 1 家，旅行社分社 2 家，营业网点 15 家；2018 年新增旅行社营业网点 3 家，发展速度很快。目前旅行社业务主要是组团外出旅游，接待外来旅游者的业务还没有高水平发展起来。

（五）乡村旅游

津市市乡村旅游发展迅速，特别是伴随着乡村振兴战略的实施，广大农村发展信心更足。从乡村旅游发展基础来看，津市市拥有湖南省五星级乡村旅游点 4 家，还有各具特色的农家乐 47 家。2018 年，乡村旅游项目投资热情高涨，特别是毛里湖田园综合体、绿岛蓝湾乡村旅游、毛里湖植物园等重点项目的建设，将明显提升津市乡村旅游业档次和水平。津市市乡村旅游的发展模式切合市场需要，主要通过"乡村特色＋节庆活动"的基本思路，充分利用地方生态与文化景观特色，开发集观光、休闲、体验于一体的特色旅游休闲产品，因地因时制宜，举办腊八节、丰收节、采摘节、鱼王节等系列乡村旅游节庆活动，打造美丽乡村旅游品牌，让农家做经营主体，让农民变服务业老板，激发农民积极性，创造乡村奇迹。在青苗社区、绿岛蓝湾初步形成了周末假日游，在常德及周边地区颇具影响，提升了津市旅游的知名度和影响力，促进旅游产业发展。

（六）旅游市场营销

津市市致力旅游市场营销创新，充分利用平面媒体、传统媒体、新兴媒体，造势活动，营造氛围。一是编制《津市旅游指南》，向各市直单位部门、乡镇、学校、星级饭店、旅行社及营业网点等免费发放，加大津市旅游宣传力度；二是利用津市旅游微信公众号宣传推广津市旅游资源，每日更新，扩大社会影响；三是大力开展旅游节庆活动，举办第三届青苗腊八节暨津市市农产品博览会、桑葚采摘节、沙滩狂欢节、农民丰收节、绿岛蓝湾三八女神节、鱼王节、螃蟹美食节等旅游节庆活动，聚集人气，营造旅游氛围，提升旅游形象，带动旅游消费。

（七）智慧旅游

津市市智慧旅游发展处在初级阶段，智慧旅游平台主要依托政府门户网、津市旅游微信公众号、媒体等，开展资讯传播和旅游资讯服务。由于津市市旅游业产业规模还不够大，高级别大影响力的旅游景区景点还未形成，大规模旅游企业还在培育，智慧旅游发展相对滞后，尚处于概念阶段，还未建设大数据智慧旅游平台，现有的景区也尚未建立独立的官方网站。

（八）旅游新业态发展

津市市通过旅游业跨界融合，做好"旅游＋"特色文章，大力培育旅游新业态。突出"旅游＋内涵"，深挖津市本土特色文化，整理津市故事，赋予景区、景点独特的文化底蕴。药山做好"禅"的文章，毛里湖做好"水"的文章，嘉山、新洲做好"古"的文章，关山做好"福"的文章，创新服务理念，培育旅游新业态。突出"旅游＋禅修"，以药山、古大同、中武当、嘉山禅修文化为载体，提升津市人文旅游的市场影响力，培育旅游新业态；突出"旅游＋生态"，以毛里湖、关山、古大同等景区，集中资源优势将毛里湖国家湿地公园、关山＋古大同森林公园打造成集湿地观光、城市森林氧吧、环境教育、湖钓、野营、山庄度假为一体的休闲旅游度假基地，培育旅游新业态；突出"旅游＋乡愁"，以美丽乡村建设、农村生态环境整治、小集镇建设等为抓手，有效结合新洲古城、关山村、神九堰建设，整体打造集休闲农业体验、乡村观光、餐饮、购物等为一体的"七彩田园乡村风情"旅游目的地，在服务提升层面创新业态；突出"旅游＋文化"，深挖古渡口、移民文化、虎爪山遗址、益泰绸布庄、博物馆等历史内涵，丰富津市文化游市场，形成新业态发展动力；突出"旅游＋体育"，结合津市市特有的地理优势和景区资源，以登山、乐跑、自行车、露营等形式增加体育活动的趣味性、互动性和竞技性，带动旅游产业发展，培育新业态；突出"旅游＋美食"，充分挖掘具有津市特色的旅游商品，开发、策划、包装"津市十大名菜""津市十大小吃"，形成津市旅游土特产品系列，构建舌尖上的新业态。

二、发展经验总结

(一)抓景区规划

津市市旅游业的发展，必须注重旅游规划，抓顶层设计。2018 年编制了《药山振兴发展创意暨药山文化旅游景区旅游总体规划》，严格编制过程管理和严格评审论证，逐步完善了津市旅游规划体系，同时树立规划的权威性，充分利用规划指导景区建设。

(二)抓项目建设

津市市将项目建设作为旅游业发展的重要抓手，全力推进。2018 年，津市市在建的重点旅游项目 6 个，累计完成投资 2.38 亿元；同时还有毛里湖湿地公园获法国开发署 3 500 万欧元(2.78 亿)贷款项目，全部进展顺利。毛里湖国家湿地公园 AAA 级景区一期工程游客接待中心、综合楼、科教宣教馆、旅游公厕、游船码头等建设基本完成；毛里湖镇青苗社区沙滩乐园、沙滩排球场、沙滩儿童乐园提质改造完成。药山文化旅游景区斋堂综合楼、药山公墓一期、月亮溪土建工程完成，竹林禅院一期投入使用，配套设施正逐步完善。绿岛蓝湾休闲度假区投入 580 万元进行现代农业特色产业园循环农业基础设施建设，提升了乡村旅游接待能力。

(三)抓品牌创建

津市市全力抓旅游品牌创新工作。2018 年，药山文化旅游景区创建成国家 AAA 级旅游景区，并成功申报"湖湘风情文化旅游小镇"试点建设单位；毛里湖镇青苗社区成功创建湖南省五星级乡村旅游点(区)；津市旅游商品孟姜女老姜糖获得湖南省旅游商品大赛铜奖。一系列旅游品牌创建成果，丰富了津市旅游品牌，提升了津市旅游的知名度和美誉度。

（四）抓节庆活动

津市市一直将节庆活动作为旅游市场营销的主要抓手。2018 年，举办了第三届青苗腊八节暨津市市农产品博览会、桑葚采摘节、丰收节、绿岛蓝湾三八女神节、鱼王节、螃蟹美食节等旅游节庆活动，吸引了常德市区、安乡县、澧县、临澧县等周边县市数万名游客参与，促进乡村旅游总收入 1 100 万余元，其中青苗腊八节、桑葚采摘节、农民丰收节创收 550 万，接待游客 5 万多人。通过"乡村旅游 + 节庆活动"的形式，开发集观光、休闲、体验于一体的旅游产品，创新了津市乡村旅游发展新模式，弘扬了地方民俗文化，打造了美丽乡村旅游品牌，青苗社区、绿岛蓝湾初步形成了周末假日游产品，在常德及周边地区颇具影响力，成为提升津市旅游知名度和影响力的重要营销活动，促进了旅游产业发展。

（五）抓行业管理

旅游行业管理水平是旅游业品质的重要标志，坚持不懈抓旅游市场整治，抓行业管理，对品质旅游发展意义重大。津市市加强对全市旅行社及服务网点的行业管理暨安全生产整顿行动，重点对节假日期间旅游市场运转进行监管与记录，促进旅游行业规范化发展。与各涉旅企业签订安全生产责任状，压实"一单四制"，形成安全生产大检查全年化、常态化工作机制；开展"全市旅游安全生产咨询日活动"，向旅游者提供政策咨询，做好安全文明旅游宣传；开展"打非治违百日行动"、安全生产"强执法、防事故"行动。截至2018 年底，累计组织执法检查 115 次，出动执法人员 347 人次，检查生产经营单位 128 家，立案调查 1 家，责令停产停业 2 家，问责相关负责人 4 人，曝光典型案例 1 起，规范了旅行社的经营行为，有效维护了津市市旅游市场秩序。

三、发展展望与对策

(一)发展展望

津市市旅游发展将按照"全域旅游"的工作思路，完善服务设施和功能，创建旅游品牌，培育旅游产业，打造精品线路，推动津市旅游业的发展。

(二)发展对策

第一，加快旅游基础设施建设。必须进一步重视旅游基础设施建设，加快毛里湖国家湿地公园、药山文化旅游景区和各旅游重点村镇的基础设施建设，重点推进毛里湖国家湿地公园、药山文化旅游景区、青苗社区、杨坝垱村、大关山村等旅游厕所、游客服务中心、停车场等基础设施建设，指导旅游景区(点)旅游标识、标牌的规范设置，完善旅游基础设施和公共服务体系，确保旅游景区景点的基础设施满足旅游者的需要。

第二，指导旅游品牌创建。旅游品牌是全域旅游的重要依托，津市市必须对照旅游品牌创建标准，指导省五星级乡村旅游点、省旅游购物示范点、星级酒店、湖湘风情文化旅游小镇、国家 AAA 级旅游景区、国家级全域旅游示范县等品牌创建，全面提升津市旅游形象、丰富津市旅游产品、扩大津市旅游供给途径，推动津市旅游产业快速发展。

第三，培育旅游产业发展。整合津市各类旅游资源，开发融观光、度假、休闲、科普、体验于一体的旅游产品，重点培育毛里湖、药山、青苗社区等生态游、乡村游、观光游、休闲游、农业体验游等"旅游＋农村"产业发展；充分利用现有条件，深入挖掘各镇村的特色，按照"月月有主题，季季有活动"的要求，统筹安排好各类旅游节庆活动，重点办好青苗腊八节、桑葚采摘节、丰收节、枇杷采摘节、鱼王节、绿岛蓝湾系列旅游节庆活动，树立乡村旅游节庆活动品牌，促进"旅游＋民俗"产业的发展。

第四，打造旅游精品线路。将旅游精品线路建设作为津市全域旅游发展的重要抓手，在全市范围内打造主题观光、文化体验、乡村度假等旅游精品线路，重点包装毛里湖湿地休闲观光之旅、药山访古问禅田园意境之旅、青苗美丽乡村返璞归真之旅、关山草场踏青风筝帐篷亲子之旅等旅游精品线路。通过整合精品线路沿线旅游资源，打造一批各具特色的乡村旅游点，串点成线，推进津市旅游全域化发展。

Ⅳ 附 录

B.15 常德市旅游业发展相关政策文件

附录一 《常德市旅游业"十三五"发展规划》

附录二 《常德市旅游发展专项资金管理办法》

附录三 《常德市推进产业立市三年行动计划(2018—2020)》(常办发〔2017〕19号)

附录四 《常德市推进产业立市三年行动文旅康养专项小组三年行动计划实施方案(2018—2020)》(文旅康养发〔2018〕2号)

附录五 《常德市旅游突发事件应急预案》(常政办发〔2018〕16号)

附录六 《全市旅游市场秩序专项整治"利剑行动—1"工作实施方案》(常旅外〔2018〕7号)

附录七 《加强常德市旅游行业社会信用体系建设工作要点》(常旅外〔2018〕48号)

附录一

常德市旅游业"十三五"发展规划

一、"十二五"旅游发展回顾

"十二五"期间，在市委、市政府的正确领导下，在全市各方面的共同努力下，常德加快推进项目建设，积极开展品牌创建，全面开拓旅游市场，不断提升服务水平，旅游业发展取得了较好成绩，为全市经济社会发展作出了积极的贡献。

（一）旅游经济总量迈上新台阶

全市接待国内外游客由 2010 年的 1 354.12 万人次增长到 2015 年的 3 641.85万人次，增长 1.69 倍；旅游总收入由 81.51 亿元增长到 276.09 亿元，增长 2.39 倍；旅游经济占 GDP 比重由 5.42% 增长到 10.1%，提高 4.68 个百分点；接待境外游客由 10.18 万人次增长到 16.49 万人次，增长 62%。

（二）旅游项目建设实现新突破

从"双十工程"到"六大旅游精品工程"，再到"旅游战略性产业三年攻坚行动"，旅游项目建设取得一个又一个突破。华侨城欢乐水世界盛大开园，桃花源古镇等项目蓄势待发。全市在建旅游项目总投资 120 亿元。新增国家 4A 级旅游景区 5 家，总数达到 7 家；新增工农业旅游示范点 5 家；新创红色旅游示范点 7 家；创建五星级乡村旅游点 41 家。

（三）旅游市场营销取得新成效

连续举办两届"中国·常德桃花源旅游节"，荣获全国"节庆中华奖"。举办"2015 常德旅游节"和"2015 中国湖南国际旅游节"，实现了经济效益和社会效益双丰收。构建大湘西旅游联盟，依托常德、张家界、湘西旅游黄金三角,在境内外市场开展捆绑式营销。针对大中小学生等特定人群实施精准营销,逐步形成春赏花、夏戏水、秋采摘、冬滑雪的四季旅游品牌,每年吸引省内高校及本市学生游客 20 万人次以上。

(四)旅游管理服务得到新提高

开展"满意旅游在常德"、文明旅游志愿者"进机关、进社区、进校园"及旅游扶贫就业援助等活动,深受社会各界好评。成立常德市饭店协会、旅行社协会、乡村旅游协会等组织,行业自律进一步增强。推进旅行社诚信体系建设,常德中旅等 5 家旅行社被评为四星级旅行社。加强饭店标准化建设,新增 5 星级饭店 1 家,4 星级以上饭店达到 5 家。世界级酒店品牌——喜来登落户常德,成为我市旅游饭店行业新标杆。

(五)各项改革持续开创新局面

推进体制机制调整,桃花源景区上收市管。出台《关于进一步促进旅游产业发展的意见》《常德市旅游战略性产业三年攻坚行动方案》《关于支持桃花源旅游产业发展的若干意见》,制定了一系列促进旅游业发展的优惠政策。深化政府机构改革,旅游和外侨两家单位合并,成为政府工作部门,进一步增强了旅游外侨工作力量。

二、"十三五"旅游发展机遇和挑战

(一)发展机遇

1. 国际旅游发展形势逐渐向好

据世界旅游组织预测,自 2010 年到 2020 年,世界旅游经济总量预计将保持 4.4% 的年均增长率。截至 2020 年,国际旅游人数将达到 16 亿人次,中国将成为世界第一大旅游目的地。世界旅游持续平稳发展,有利于常德市入境旅游市场规模进一步扩大,国际旅游投资者信心进一步增强。世界旅游蓬勃发展,中国入境旅游开始复苏,为常德市旅游打开入境市场开辟有利条件。

2. 多重利好政策不断发布

十八大以来，"美丽中国、生态文明""新型城镇化""全面深化改革"等国家宏观战略为旅游发展指明了大的方向，《国务院关于加快旅游业发展的意见》《国民旅游休闲纲要（2013—2020 年）》《中华人民共和国旅游法》《国务院办公厅关于进一步促进旅游投资和消费的若干意见》等旅游法律法规和重要文件的颁布进一步将旅游推向新的国家战略高度。2015 年全国旅游工作会议推出旅游 10 大行动，开展 52 项举措，全面推进旅游转型升级、提质增效。

3. 旅游消费需求不断增长

"十三五"时期，随着小康社会进程的稳步推进，一个巨大的旅游消费市场将在"十三五"时期加速形成，旅游将成为一种生活常态和必需。我国高速公路、高速铁路、民航等交通基础的建设，财政补贴以及减税等政策引发了居民家庭汽车拥有量激增，导致了交通格局和居民出行方式的变化，必将推动旅游市场规模的不断扩大。

4. 转型升级不断加快

《湖南省人民政府关于促进旅游业改革发展的实施意见》（湘政发〔2015〕28 号）以建设旅游强省为目标，加快转型升级和改革创新。随着"一带一圈""三大板块、七条黄金旅游带"的建设，加快现有景区提质升级，推进"两型景区"建设，创建"两型旅游示范省"，为常德市旅游发展提供了良好环境。

5. 市场决定资源配置不断强化

"十三五"期间，旅游业的发展将全面贯彻党的十八届三中全会精神，全面落实市场在资源配置中的决定性作用。这将极大地促进旅游生产力的解放，促进旅游行政管理体制的改革，更加有效地优化政府与市场的关系，更加协调"有形之手"和"无形之手"的关系，形成合力。

6. 旅游产业地位不断提高

2015 年，市委、市政府提出将常德旅游业作为战略性产业来推进建设，实现旅游产业跨越式发展，制定了《常德市旅游战略性产业三年攻坚行动方案》(常办〔2015〕39号),为常德市加快发展旅游业提供了强大内在动力和难得机遇。加快推进常德旅游业转型升级,推动旅游产品向观光、休闲、度假并重转变,旅游开发向资源节约、生态环保和文化传承转变,旅游经营向国际标准、优质服务转变,全面打造常德旅游升级版。

(二)面临挑战

1.城市旅游活力不足

常德城市旅游的发展逐渐落入瓶颈,"桃花源里的城市"整体形象缺乏新兴项目支撑,"桃花源式"生活元素缺乏内涵,城市特质有所弱化。目前城市旅游仍然以柳叶湖、诗墙广场、博物馆等传统目的地观光游览为主,城市休闲特别是夜间休闲打造不够,文化内涵有待深入挖掘。

2.缺少龙头引爆项目

现有旅游产品较为常规,新业态注入不足,现有的桃花源旅游度假区也未形成区域性龙头旅游地位,柳叶湖虽正创建国家级旅游度假区但对全市旅游缺少整体带动意义,而其他县市更缺乏引爆性重大项目或节庆活动的带动效应。

3.传统景区缺乏创新

"十二五"期间常德市老牌景区发展速度缓慢,产品开发以山水观光为主,业态单一,休闲度假发展滞后。一些A级景区、风景区、森林公园等传统景区创新活力注入不足,经营增速放缓,旅游品质普遍不高,亟待产品升级。

4.市场开发主体固化

现阶段常德市旅游市场机制灵活性和市场主导性较低,导致个别景区运转效率低、反应速度慢、服务品质不高、管理弊端频现,亟需引入社会资本进行开发建设,共同管理,盘活国有资本,推动景区升级。

5.桃花源品牌尚未明晰

常德桃花源历史文化底蕴虽厚重,但产品包装和市场宣传还明显不足,省外市场知名度较低;而全国有多个桃花源对常德桃花源呈挤压态势,市场认知也较为混乱。

6.竞争动力不足，面临被边缘化危险

常德市地处张家界、岳阳、长沙中间，深受"灯下黑"效应影响。区域竞争在升级，周边市州旅游项目建设来势迅猛。长株潭有长沙的娱乐文化旅游，大湘西有张家界山岳旅游，洞庭湖旅游以岳阳为首，常德旅游在三大经济圈面临被边缘化的危险，亟待升级突破。

三、"十三五"旅游指导思想和发展目标

（一）指导思想

全面贯彻落实党的十八大和十八届三中、四中、五中全会精神，深刻把握创新、协调、绿色、开放、共享五大发展理念，紧紧围绕"一个中心、三个迈进、五个常德"的内涵要求，打响"世外桃源"旅游品牌，塑造"亲亲常德"旅游形象，构建国内外知名的"全域桃花源"旅游目的地，将旅游业打造成战略性支柱产业、现代服务业率先发展的龙头产业和惠及民生的幸福产业。

（二）发展目标

到2020年，全市接待国内外游客9 000万人次以上，旅游综合收入700亿元以上，占GDP比重达到12%以上；创建国家5A级旅游景区、国家级旅游度假区、国家级生态旅游示范区、国家全域旅游示范区等国家级旅游品牌10个以上，争创"国家级旅游休闲示范城市"和"中国国际特色旅游目的地"。

四、旅游发展布局及主要产品

"十三五"期间，常德市旅游发展按"一核两极三点四区（1234）"进行布局。"一核引领"即以"桃花源里的城市"为品牌，以市城区为核心，打造"国家级旅游休闲示范城市"和"中国国际特色旅游目的地"。"二极引擎"即打造桃花源—经典桃花源，创建国家5A级旅游景区，打造柳叶湖—现代桃花源，创建国家级旅游度假区。"三点突破"即积极扶持城头山、壶瓶山和西洞庭湖

的旅游开发建设,建设城头山国家大遗址公园、壶瓶山国家生态旅游示范区、西洞庭湖生态旅游示范区。"四区跟进"即依托地形特点、资源特色、文化底蕴等因素,共同推进常德西北世外桃源休闲度假区、东部西洞庭湖水乡湿地度假区、北部澧阳平原文化休闲旅游区和西南大壶瓶山山地旅游区四大片区,助推常德旅游全域化发展。

(一)1个城市旅游核心

整合常德城资源,从"区、圈、街、镇、带、点"上立体构建城市旅游产品体系,打造"国家级旅游休闲示范城市"和"中国国际特色旅游目的地"。依托三山(太阳山、河洑山、德山)、三水(沅江、柳叶湖、穿紫河)、六园(滨湖公园、屈原公园、白马湖公园、诗墙公园、丁玲公园、花山湿地公园),建设主题文化休闲"区";利用武陵阁步行城、万达广场、保利新城等商旅文综合体,建设城市休闲消费中心"圈";结合高山街、大小河街、沅安路等旧街改造,打造餐饮休闲特色"街";将白鹤山镇、德山镇等城郊小镇打造成为主题旅游卫星"镇";依托常德大道、朗州北路、柳叶大道西段等城郊主要道路,引导发展城郊餐饮业和休闲娱乐业"带";推出完美社区示范点(紫桥社区)、棚户区改造示范点(灯泡厂)、工厂企业(常德烟厂、武陵酒厂)等旅游访问"点"。

重点实施三大工程:一是江湖连通工程。加快穿紫河休闲游憩带游船码头建设,游船线路结合表演舞台,形成水岸互动;推进沅江休闲游憩带游船码头建设,分期实施游船码头建设工程,延长沅江游憩带(城市段)的时空感;开通梦里水乡水上巴士,开通从柳叶湖经穿紫河到沅江的水上游线,打造城市亲水游体验项目。二是慢游绿道工程。构建常德城市"一环三带"慢行交通绿色网络,即环柳叶湖慢行道—城郊慢行道、沿穿紫河慢行道、沿沅江慢行道的,打造城市绿色交通新名片。三是夜游夜演工程。对常德诗墙、大小河街、爱情岛等重要节点进行亮化,对沿滨河建筑景观天际线进行滨河夜景打造,对滨水景观绿地进行夜景亮化,打造一台精品演出和一台时尚潮流秀演。

(二)2 大龙头旅游产品

1.打造经典桃花源,桃花源创国家5A级景区

围绕"来桃花源,寻找灵魂故乡"的定位,突出"秦溪古镇、田园牧歌、自然山水、文化灵魂"的形象,将桃花源打造成国际知名的世外桃源休闲度假旅游目的地,2017年创建成为国家5A级旅游景区。重点实施"6+1"项目:一是桃花源古镇及故渊湖项目,建设城隍庙、篝火晚会广场、文化展示馆、酒吧一条街街、旅游商品街、四合院等项目,打造旅游休闲综合服务区;二是秦溪项目,疏浚秦溪河道,开发溪边湿地,建设亲水游道和游船码头,打造乘船顺流而下至"山有小口"的一段旅程;三是秦谷项目,开辟景区次入口,改造秦人村景区,建设"君子之道",还原楚时代生活场景,打造武陵渔郎误入桃花源、探寻桃花源、留恋桃花源的场景;四是桃花山提质改造项目,改造"渊明祠""菊圃",建设国学书院,打造"采菊东篱下,悠然见南山"的意境;五是桃源山提质改造项目,恢复重建桃川万寿宫,建设太极广场,再现桃花源"水绕山环桃源佳致,晨钟暮鼓道教神坛"景观;六是五柳湖改造暨五柳小镇项目,融合中国古建筑文化,改造五柳小镇民居,扩挖五柳湖水域,以水为纽带实现桃源山、桃花山之间的天然融合;七是1台山水文化实景演艺项目,把秦溪作为舞台背景,演绎桃花源的历史文化故事、民间典故传说,打造一台美轮美奂的河流剧场。

2.打造现代桃花源,柳叶湖创国家级旅游度假区

利用山、水、岛、洲、城等资源优势,将柳叶湖打造成集主题游乐、水上体验、森林休闲、乡村度假、体育健身等功能为一体的国际知名城市湖泊型休闲度假目的地,2017年创建成为国家级旅游度假区。重点建设六大工程:一是梦幻桃花岛主题乐园,以常德华侨城欢乐水世界为基础,策划开发桃花岛陆地公园,形成岛内、滨湖、水下立体开发格局,打造全球首家岛上水主题乐园;二是柳叶湖生态新城,以柳叶湖现代服务业园区为中心,打造集行政办公、会展、商贸金融、旅游休闲、文化娱乐和居住为一体的产业综合服务区;三是太阳山、花山生态休闲区,以太阳山森林公园为核心,打造集森

林观光、山地运动、朝拜信仰、民俗游览于一体的森林休闲区,结合花山、沾天湖、渐河湿地等生态景观资源,打造集山地休闲、湿地观光、科普教育等功能于一体的湿地体验区;四是"太阳谷"美丽乡村,以红旗水库和肖伍铺、郑家河、梁山村为核心,大力发展乡村度假、农事体验、户外拓展、产业庄园、民俗街区等多元化乡村旅游产品,打造全省知名乡村旅游点;五是环湖十大文化项目,围绕柳叶湖重点建设螺湾观鸟、柳湖沙月、柳叶诗韵、柳叶风帆、柳叶之门、龙行天下、柳毅传书、白鹤仙踪、大唐司马、环湖景观带十大文化旅游工程;六是文体赛事和现代演艺项目,定期举办国际性环湖马拉松、自行车、极限水上运动挑战赛,利用现代声光电技术,打造体验式特色主题公园演艺产品。

(三)3 个重点旅游项目

1.城头山国家大遗址旅游区

城头山以古城文化、稻作文化、祭祀文化为魂,以遗址旅游和稻作创意体验为主要特色,创建国家 5A 级旅游景区,打造成为世界级文化遗址旅游目的地。重点实施五大工程:一是文化激活工程,深度挖掘古城文化、稻作文化、祭祀文化,打造城头山考古科普园、城头山祭祀仪式、上古神话乐园、疯狂原始人、神话动漫大世界等产品,充实文化体验项目;二是虚拟再现工程,丰富博物馆展示手段,采用 VR 虚拟体验、全息投影、多点触控等高科技技术,营造新奇富有冲击力的视觉效果;三是 5A 提升工程,对照新标准重点改善入口服务、标识系统、智慧景区、运营管理四大方面,实现人性化、科技化、特色化、专业化;四是农业大观园,建设稻田酒店、稻田彩绘创意园、农耕体验园和城头山风情小镇等项目,申报国家农业遗址公园;五是周边乡村旅游开发,创新文保遗址和乡村旅游的互补开发模式,带动余家牌楼、十里岗、彭头山、鸡叫城等文化遗址所在乡村旅游开发。

2.壶瓶山国家生态旅游示范区

壶瓶山依托原始峡谷群和高山生态资源及环境,以户外休闲为驱动,以云顶度假为特色,以旅游小镇群为度假配套,创建国家生态旅游示范区,打造国际知名的高山峡谷运动天堂。重点建设四大项目：一是"水陆空"立体化游憩工程，水上为游客提供游艇、竹筏、橡皮艇、画舫等交通工具泛游峡谷河流，陆地建设山地自行车道、营地和驿站等户外接待设施，空中建设"空中玻璃走廊"和玻璃观景平台，为游客提供观赏大峡谷的惊险刺激体验；二是五大运动基地建设，提升屋脊漂流，着重发展空中极限运动、滑雪滑草、高山水上运动、高山越野、高山蹦极五大运动基地，打造湖南户外运动大本营；三是主题旅游小镇建设，打造南北镇茶海度假小镇、东山峰运动休闲小镇、壶瓶山旅游集散小镇，延伸户外运动产业链；四是旅游新业态产品开发，建设高山牧场庄园，引领湖南分时避暑度假产品新方向。

3. 西洞庭湖湿地旅游体验区

西洞庭依托湖泊及沿岸乡镇，以湿地观光旅游为先导，将水上产品与陆上活动，将湖与村、现代文化与传统民俗有机地融合，开发层次分明、类型多样、适合多种群体的旅游产品。重点从四个方面进行提升：一是加强洞庭湖区域旅游合作，与东洞庭湖、南洞庭湖实现线路互接，共塑洞庭湖生态旅游品牌；二是开辟市区至景区旅游专线，建设生态住宿、餐饮和观光体验设施，满足散客自助生态探险游需求；三是以岩汪湖和蒋家嘴生态旅游小镇开发为重点，加强与当地社区的融合，建立利益共享机制，增加湖泊生态保护意识；四是加强与当地农、林、牧、渔业融合，开发农业观光、渔业体验游，加强农产品加工业融合，开发特色农副旅游产品，加强与当地第三产业融合，促进当地居民就业，发展生态美食、生态疗养。

(四)4 条主题游线

(1)"穿越桃花源"水上游线：现代桃花源(柳叶湖)—都市桃花源(市城区)—古典桃花源(桃花源)；

(2)七千年常德文化之旅：德山公园—河洑森林公园—临澧博物馆—丁玲纪念馆—宋玉城遗址—林伯渠故居—城头山古城遗址；

(3)禅修养生度假之旅：常德城区—星德山—秀坪园艺场—夹山—仙阳湖—壶瓶山；

（4）生态养生度假之旅：常德城区—清水湖度假区—鹿溪度假区—花岩溪国家森林公园。

五、旅游要素提升和产业融合

（一）旅游要素提升

全面提升餐饮、住宿、购物、娱乐供给，完善"食、住、行、游、购、娱"旅游产业六要素。

1. 提升旅游餐饮

树立品牌意识，打造一批餐饮名店，发展品牌连锁经营，策划常德美食节，打响以"钵子菜"为代表的"德"菜品牌，挖掘传统风味，打造一批特色风味小吃街，扶持一批特色餐饮餐馆。

2. 提升旅游住宿

以市场需求为导向，优化酒店结构和布局，引导建设一批度假型、商务型、会议型旅游饭店，扶持发展一批上规模的经济型酒店，引导建设一批特色鲜明的家庭旅馆、汽车旅馆、青年旅馆和露营地。

3. 提升旅游购物

深入挖掘文化特色，建立常德旅游商品研发基地，搭建设计公司和旅游企业合作平台，加强商旅文街区和旅游购物示范点建设，进一步深入拓展常德旅游商品展销网点，打响"常德印象""常德味道"旅游购物品牌。

4. 提升休闲娱乐

加速推进桃花源山水实景演出，引入国内外知名团队开发旅游演艺项目，指导乡村旅游点创作特色民俗演艺节目，加快常德大剧院建设，弘扬本土演艺艺术，引导发展温泉疗养、足浴按摩为主的康体养生项目，把常德城打造成休闲之都、娱乐天堂和不夜城。

（二）旅游产业融合

1. 旅游 + 文化

挖掘德文化、水文化、隐逸文化、名士文化、书院文化、爱情文化等内涵，通过文化会展、影视动漫、创意商品、文娱演出等将"旅游 + 文化"产业链条做实，创意城市文化旅游商品设计，发挥"非遗"传承人、工艺美术大师和文化名人在品牌培育中的作用，实现文化产业和旅游产业的深度融合。

2. 旅游 + 农业

重点打造以石门有机茶、桃源大叶茶等为重点的茶产业链，以鼎城花卉种植为重点的花卉产业链，以石门柑橘、澧县葡萄、城郊蔬菜等为重点的绿色果蔬产业链，以中药材种植为重点的中药材加工产业链，建设休闲农业示范基地，推动乡村旅游向产业化、规模化、品牌化发展。

3. 旅游 + 体育

以壶瓶山、南北镇、东山峰、柳叶湖、珊珀湖等一系列精品山水资源为依托，重点推进山地户外运动、帆船运动、低空飞行三大类体育运动休闲旅游项目的开发，积极与国内外体育组织、国内外户外运动俱乐部、国际低空飞行俱乐部等建立良好合作关系，举办国际级山地户外运动体育赛事。

4. 旅游 + 工业

以芙蓉烟王、武陵酒、德山酒、金健米业、津市牛肉、西洞庭食品等知名企业产品生产线为依托，大力发展工业旅游；以珍珠、有机茶等重点食品生产企业为重要依托，积极推进建设常德特色旅游商品生产基地；依托常德新型产业园区的建设，有序推进以酒业贸易博览、烟草贸易博览、特色旅游商品展销、中医药展销会议为重点内容的会议会展活动。

5. 旅游 + 互联网

大力推广众筹、PPP 等投融资模式，引导社会资本介入"旅游 + 互联网"领域，成立常德"旅游 + 互联网"创新发展基金，摸索建立常德旅游投融资和产权交易平台，鼓励旅游企业和互联网企业通过平台进行交易，实现融合发展，构建线上与线下相结合、品牌和投资相结合的发展模式。

六、加强市场营销和公共服务

(一) 加强市场营销

国内市场是常德市旅游业的主导,国内客源市场以常德市及周边市州为核心,尤其是长株潭城市群的旅游消费市场,突出周末休闲度假旅游。珠三角、长三角、环渤海市场及西南部地区省份为延伸,全国其他地区市场为补充。加强与周边张家界、凤凰等景区的联动,突出桃花源品牌,成三足鼎立之势面向全国的旅游客源市场。进一步巩固港澳台、韩国、日本及东南亚客源市场,确保作为我市入境旅游主版块的地位,努力争取开拓西欧、北美市场。

1. 创新营销合作模式

完善内部联合营销机制。采取"联合推介、捆绑营销"的方式,整合景区、旅游企业和宣传促销资金、引导营销的准确定位和科学投放;促进区域合作平台建设,打破行政区划的限制,充分利用长株潭、长三角区域合作平台,相互开放市场、消除障碍、取长补短、优势互补,形成公平竞争的联合体参与市场竞争,实现共赢;加强与"武陵""洞庭"等品牌的联合,进行联合营销。

2. 创新三大营销方式

一是创新网络营销,与国内外著名网站合作,建立网络营销平台,壮大常德旅游微信微博矩阵,强力开展智慧营销。创新事件营销。二是策划能引起轰动效应的旅游营销事件,吸引国内外游客关注,提升常德旅游知名度。三是创新节事活动营销,按照"月月有活动·季季有高潮"的策划理念,充分发挥旅游市场主体的作用,通过节事活动对接市场。

3. 注重交通沿线宣传

积极与经停湖南的航空公司合作,给予优惠政策,同时重点投放机载杂志类广告;借助沪昆、武广高铁线,开展高铁沿线旅游促销活动;顺应大众自驾旅游发展趋势,推出山水活力游线、秘境桃源游线、水乡风情游线、访古常德游线等系列自驾游精品线路,进行大力营销,扩大自驾旅游市场份额。

（二）完善公共服务

1. 智慧旅游工程

加强旅游信息化顶层设计，基于计算机网络、云计算、物联网、虚拟现实等先进技术，推进公共服务平台、互动营销平台、行业管理平台三大平台建设，重点完成常德市智慧旅游网、常德智慧旅游云计算平台、桃花源景区智慧旅游试点，常德旅游一卡通四大任务。

2. 旅游公路工程

依托石门县公路南北线，建设西北"高山茶场"旅游公路环线；围绕西洞庭湖，打造东部"水岸风情"环湖观光公路；依托现有沿沅江及其支流的乡村道路，打造西南"原乡风貌"旅游公路；依托二广高速、国道207、319，以城头山遗址、彭头山遗址、桃源镇古建筑群为主要吸引，建设中部"七千年常德"文化大道。

3. 旅游集散中心工程

建设一级旅游集散中心1个，即柳叶湖旅游集散中心；二级旅游集散中心4个，即澧县城头山、石门县夹山、汉寿县清水湖、桃花源古镇；完善交通枢纽到景区的集散功能，完善旅游咨询、交通、宣传、投诉处理等配套服务。

4. 旅游安全保障工程

在全市范围内形成旅游安全保障协调系统，突出旅游安全指挥调度中心、"24小时"全区域救急服务、特殊人群援助设施、全天候旅游投诉服务热线四大安全保障重点，引入先进的智慧旅游系统，实现旅游安全救援工作的智能化和科技化调度管理，全面升级旅游安全应急救援水平。

七、强化保障机制和政策措施

（一）强化领导机制

1. 加强组织领导

成立常德市旅游发展委员会，市主要领导兼任主任，全面负责常德旅游产业的组织领导和规划协调工作,将涉及旅游产业要素、旅游基础设施建设、旅游市场要素、旅游规划、旅游标准规范、旅游大项目建设审批等职能统筹协调于管理委员会职能之下,赋予举办国际文化、旅游节庆及赛事的一定权限,协调解决旅游发展中的重大问题。

2.推进体制创新

建立景区经营权、管理权与所有权分离的新机制,鼓励各种所有制企业依法投资和参与重点景区建设和经营;对景区、景点等可以采取出售经营权、买断经营、转让产权、资产重组、外资嫁接改造等方式,盘活前期财政投入的资金,使资金、人力等企业关键因素配置更合理;将试验区建设作为推进旅游景区改革创新的重要抓手,重点推进壶瓶山、西洞庭两个重点旅游景区的试点示范。

(二)强化政策保障

1.土地保障措施

积极支持利用旧城区、荒地和可开发用地发展旅游业;鼓励农村集体经济组织在符合土地利用总体规划及不改变集体土地所有权性质、不改变土地用途的前提下,利用集体建设用地参与中小型旅游项目的开发经营;允许境外投资者在常德以股份或独资形式成片开发土地,允许外商参股开发有价值的分散景点。

2.产业优先政策

确立旅游产业优先发展区和优先发展工程,建立旅游产业优先发展保障制度;在旅游产业优先发展区和重点旅游区范围内,不得进行开矿、取石和建设高污染工业,为旅游留出发展空间;放宽经营准入,简化审批手续,支持旅游新业态、新商业模式、新经营方式的发展。

3.财税优惠政策

适当返还景区和旅行社的增加值所得税,降低旅游企业的进入门槛,对新成立的企业实行土地出让、营业税扣除、限期免除所得税和免除旅游设备增值税和特别消费税的优惠政策;在不破坏景观的前提下,放宽景区和旅游基础设施的建设规定；对宾馆、餐厅和景区实行优惠的用水、用电、用气价格，对优秀的企业进行补贴。

（三）强化人才培养

1. 人才引进和智库建设

根据旅游人才供需关系引进和培养选拔文化旅游创新创业领军人才，遴选聘请文化旅游专家、企业名家组成旅游发展智库。

2. 培养旅游新业态人才

每年选派若干名旅游新业态人才，外出学习深造，根据旅游人才的供需，每年引进高层次人才参与全市文化旅游新业态的开发和建设，每年组织旅游新业态企业高管人员到先进地区现场观摩学习，鼓励旅游院校和旅游企业联合培养旅游新业态开发建设和管理人才。

3. 定期组织行业人员培训

每年选派景区中高层管理人员外出学习，选派旅游景区管理人才到境外考察培训；评选旅游商品生产研发和市场营销管理带头人，不断提升专业水平和开发能力；每年培训旅游饭店人才，定期举办旅游职业技能大赛，开展各类实务培训和专题培训；定期选拔和奖励优秀导游人才。

常德市"十三五"规划重大建设项目库

序号	项目名称	建设地点	建设内容	建设起止年限	总投资（亿元）	"十三五"计划投资（亿元）	备注
1	柳叶湖国家级旅游度假区创建工程	柳叶湖	建设华侨城欢乐水世界水利陆地公园，太阳山森林公园，"太阳谷"美丽乡村，环湖风光带，武陵文化创意创意产业园，休闲体育产业园，桃林花海花博园，花山湿地公园，柳叶沙月，柳叶风帆，柳毅传书，柳叶诗韵，螺湾观鸟，白鹤仙踪，柳叶书苑等旅游项目，配套开发锦江酒店、产权式公寓酒店，旅游商品基地，自驾车营地，渔樵村美食城，闻郎江上商旅文综合体，游艇航空垂钓俱乐部，智慧旅游体系等演艺节目，打造柳叶湖实景演艺节目，创建国家级旅游度假区	2013—2020	185.00	106.00	
2	桃花源国家5A级旅游景区创建工程	桃花源	重点建设秦溪、秦谷、桃花山提质改造、桃源山提质改造、五柳湖提质改造、桃花源古镇6大项目，打造一台大型实景文艺演出，创建国家5A级旅游景区	2013—2018	150.00	100.00	
3	壶瓶山旅游综合开发	石门	建设壶瓶山生态旅游小镇、中国红茶坊、猫儿岭精品酒店、姚家坪隐士村，2098登顶体验景区及壶瓶山大峡谷生态游景区，配套道路、水电、通信等服务设施	2014—2025	50.00	20.00	

续表

序号	项目名称	建设地点	建设内容	建设起止年限	总投资（亿元）	"十三五"计划投资（亿元）	备注
4	中国国际特色旅游目的地创建工程	武陵经济开发区	整合常德城市资源，依托"三山三水六园"建设主题文化休闲区；利用武陵阁步行城，万达广场、老西门、德国小镇、婚庆产业园等商旅文综合体，建设城市休闲消费中心圈；结合高山街、大小河街、沅安路等旧街改造，打造餐饮休闲特色街；将白鹤山街、德山镇等城郊小镇打造成为主题旅游卫星镇，依托常德大道、朗州北路、柳叶大道西段等主要道路，发展餐饮业和休闲娱乐业带；推出紫桥完美社区示范点、灯泡厂棚户区改造示范点、常德烟厂、武陵酒厂等工业旅游访问点，创建城市休闲类国际特色旅游目的地	2016—2020	100.00	100.00	
5	城头山国家5A级旅游景区创建工程	澧县	以"中华城祖、世界稻源"为主题，建设城头山遗址公园、澧阳平原史前文化博物馆、稻作大观园、彭头山遗址、余家牌坊等项目，配套建设旅游专线公路、护城河疏浚整治、遗址外围景观带及游步道等基础服务设施，创建国家5A级旅游景区	2014—2018	30.00	10.00	
6	澧阳平原大遗址保护与开发	澧县	新建汤家岗遗址公园观光区、史前文化体验区、文化创意展示区、白陶文化体验区、史前文化博览区、稻作文化体验区、澧阳平原文化展示区、旅游综合服务区，打造"史前文明、白陶源头"的国家级5A级文化旅游景区；加快澧阳平原彭头山、八十垱、杉龙岗、划城岗、南禅湾、燕尔洞、九里楚墓群等其他史前遗址挖掘修复，着力彰显澧阳平原古文化魅力	2011—2025	100.00	35.00	

续表

序号	项目名称	建设地点	建设内容	建设起止年限	总投资（亿元）	"十三五"计划投资（亿元）	备注
7	常德二战英雄城建设	武陵	①对常德会战守城战人大遗址进行恢复，修建细菌战受害者纪念碑；②以公墓牌坊为核心打造"一战英雄广场"，改建"二战纪念馆"；③对市内现存13座碉堡进行保护控制，将其设置为旅游景点，赋予故事内涵；④利用河洑山现存数百米战壕建设一个军事体验基地；⑤以河洑为中心，建设抗战旅游文化产业园	2016—2020	10.00	10.00	
8	夹山禅茶文化产业园	石门	主要建设内容：中国禅茶文化学院，国际禅茶小镇，世界茶禅博览苑，御修禅茶大本营，禅缘大道，中草药养生苑，森林养生园，五百岁汉禅茶园，八坪牛帐贡茶园，千亩禅茶园，湖湘文化体验园，碧岩湖水上游乐园，夹山精品宾馆，唐朝禅茶文化城，大唐茶庄，碧岩紫笋专用御茶水开发，森林休闲中心，禅茶时光隧道，茶禅祖庭南牌楼，十九峰南隧道口至禅茶文化广场道路建设等近30个建设项目	2016—2019	22.30	22.30	
9	东山峰生态旅游度假区建设	石门	按照建设"度假、康体、观光、农事体验"四大核心功能，推动打造集冬季滑雪、夏季清草、露营避暑、会议商务、峡谷观光、庵文化展示及体验为一体的高端特色生态旅游项目，改造东山峰天街	2014—2020	25.00	19.00	
10	罗坪生态文化旅游综合开发	石门	以国际狩猎俱乐部为核心，综合开发包括山水、溶洞等自然景点，观光旅游、温泉、漂流等休闲度假旅游，直升飞机观光旅游，生态农业种植体验旅游及有机农产品开发，餐饮、酒店、索道观光旅游服务设施，生态写生基地，民俗文化旅游，参与区域内土地整理开发等	2015—2020	30.00	25.00	

续表

序号	项目名称	建设地点	建设内容	建设起止年限	总投资（亿元）	"十三五"计划投资（亿元）	备注
11	仙阳湖旅游综合开发	石门	建设内容包括热水溪温泉开发、仙阳湖水上游乐项目、仙阳湖生态垂钓、维新美丽乡村建设、汽车露营地、酒店宾馆、八户山户外度假基地等	2016—2020	3.00	3.00	
12	秀坪乡村旅游开发	石门	建设内容包括秀坪柑橘产业观光园、环场自行车道、游客接待中心、停车场、汽车露营地、游客休闲游乐设施、特色农家乐餐馆、景区道路提质改造等，打造成国家4A级景区和中国美丽乡村	2016—2020	2.85	2.85	
13	热水溪温泉国际旅游度假村综合开发	石门	项目占地200亩，主要建设旅游度假宾馆、自然生态露天温泉浴场、与腑脂河、理疗休闲中心、土家民俗村落、绿化美化及道路交通、提水供水设施等，按照国家5A级旅游景点和白金5星级旅游宾馆规划设计建设与经营管理。突出疗养、度假、商务、休闲、娱乐功能，体现自然、原始、生态、人文理念	2017—2020	1.56	1.56	
14	龙王洞景区综合提升	石门	按国家4A级景区标准结合当地实际建设，包括游客中心、停车场、水上游乐场、洞内旅游项目提质开发、周边游步道及观景台、酒店宾馆、景区公路提升改造等项目	2015—2020	0.50	0.40	
15	南北镇红色旅游开发	石门	主要建设薛家村红色旅游开发及张家台红军疗养中心建设、苏维埃县政府旧址维修、景区公路硬化、东山峰至南北镇茶马古道恢复、革命历史展览馆、红军烈士纪念塔等	2016—2018	1.00	1.00	

续表

序号	项目名称	建设地点	建设内容	建设起止年限	总投资(亿元)	"十三五"计划投资(亿元)	备注
16	澧州古城景区开发	澧县	古城墙、澧州文庙等修缮；兰江、襄阳河整治改造、澧州文化历史街建设；兰江公园、朔武公园、东城湿地公园建设	2012—2025	25.00	10.00	
17	澧县乡村旅游开发	澧县	A沿老207线黄家套生态园、湘楚世界、柚香人家、大美家园、满园春等；B沿S302线的张公庄葡萄采摘游、千里马幸福农庄、城头山葡萄庄园、刻木山、杨家坊观音岩；C沿湘北干线的蝤动兴厂、樊家、花瓦塔、金罗金鸡寨的花果旅游线	2015—2018	10.00	7.00	
18	澧水风光带开发	澧县	彭钦艳、黄河新村、彭峰晚月、珮浦渔歌、关山烟树、澧南爱TA花园、嘉山孟姜女等景区景点建设	2016—2027	10.00	3.00	
19	澧县美丽山谷建设	澧县	依托大清山、大清水库、茶园、山林、边山河、温泉、村落等资源，建设边城文化休闲小镇、休闲垂钓园、七彩林海、山地自行车运动基地、大清避暑山庄等项目	2016—2020	20.00	20.00	
20	沅水风光带旅游开发项目	桃源	沅水风光带旅游开发（县城—桃花源—夷望溪），主要是在县城、沅水桃花源和夷望溪各建一个旅游码头；完成桃花岛公园、沅水湿地公园、五星级酒店、滨江世纪城及沿江休闲带的开发与建设。打造特色舟行游览；开办"武菱捕鱼"游乐项目；打造特色文艺演出接待中心及旅游酒店建设；原生态观光码头建设；对桃源县沅江沿岸鸡公滩、马援石室、青锺岩、穿石乃至水心寨等这些沅江水上体验游线中的重要"珍珠"进行适当的仿古景观包装改造	2016—2020	30.00	30.00	

续表

序号	项目名称	建设地点	建设内容	建设起止年限	总投资（亿元）	"十三五"计划投资（亿元）	备注
21	枫林花海景区开发	桃源	规划用地2000亩，以枫树维回乡新村为核心规划建设，分枫碑回眸、枫树之窗、枫月无边三期建设。一期建设的重点为"一寺、一街、一校、两居、两广场、四园、一区"，即清真寺、民族风情街、民族小学、特色民居、剪伯赞故居、民族文化广场、群众健身广场、葡萄园、枫林园、花海园、荷塘园、现代农业体验区	2013—2025	18.50	10.00	
22	乌云界生态旅游度假区建设	桃源	分4区建设按总体规划分期建设，在花海探芳景区以芳香类花卉种植为主，构建相思林景区、红豆杉林景区以王家湾水库为中心打造生态旅游区；在渔樵耕读景区以高档果品有机食材种植为主，打造乌云界毛竹现代科技园，仙女湖观鸟台；在五龙七凤区，以山水观光、峡谷漂流，森林生态休闲为主，打造楠竹小镇	2014—2018	5.00	3.00	
23	星德福山旅游景区建设	桃源	分三期规划建设，一期规划建设景区游客集散中心、卧龙湾国家度假区、国际森林温泉旅游营地、温泉高尔夫文化体育小镇等及配套基础设施；二期星德山旅游景区鹿鹀岭项目，主要包括索道、游客服务中心、休闲购物设施、停车场、索道文化广场等内容的建设；三期规划建设林业产业化项目	2014—2018	10.00	9.00	

续表

序号	项目名称	建设地点	建设内容	建设起止年限	总投资（亿元）	"十三五"计划投资（亿元）	备注
24	夷望溪美丽乡村示范点旅游建设	桃源	采用"一村、一镇、二区、三带"的总体布局。"一村"将牧马口村打造成为"美丽乡村的示范村"；"一镇"以兴隆街的沙湾为中心的服务性生态工业区"夷望星空"；"二区"仙人溪乡到夷望溪入口的凌津滩生态农业示范区，陵津滩到何家湾到夷望溪入口水心寨的旅游水域流域的旅游观光带，另一带是从夷望溪入口水心寨到竹园水坝的夷望溪水域旅游观光带，还有一带是从龙潭溪村到兴隆街的公路两务的龙潭溪生态农业观光带	2014—2018	10.00	8.00	
25	黄石湖生态旅游综合开发	桃源	创建国家5A级景区，国家级休闲度假区，规划面积96平方公里，水域面积18平方公里，陆地面积78平方公里，综合投资22亿元，其中：生态旅游项目10.5亿元，计划总投资项目9亿元，管理及服务设施项目2亿元，环保环卫及安保项目0.5亿元	2013—2020	22.00	21.00	
26	老祖岩道教文化生态旅游综合开发	桃源	立足老祖岩丰富的道教文化资源，结合区域自然资源，围绕"一轴两核三合"景区布局，建设十大景区组团，打造"修道仙山、养生福地"文化生态旅游品牌，形成以道教文化、道家养生为核心，生态休闲与传统农耕文化配套的道教文化生态旅游大观园；初期建设4级景区，打造湖南省道教文化生态旅游重要基地，中期发展国家5级旅游景区之一，远期申报成立道教文化学院	2016—2020	1.60	1.60	

IV　附　录

续表

序号	项目名称	建设地点	建设内容	建设起止年限	总投资（亿元）	"十三五"计划投资（亿元）	备注
27	西洞庭湿地生态旅游开发	汉寿	在湖中核心区，完善鸳鸯绿岛、青山垸观鸟区、小仓浪屿、龙王湖湿地体验区、半边湖生态旅游观光区、杨幺水寨等景点，建设游客服务中心、湿地博物馆、观景台、栈道及码头等配套服务设施；在岩汪湖湖镇完善接待区，形成风情小镇，湿地旅游接待中心、度假村有机特产商贸中心、洞庭文化演艺中心、湿地人家、湿地走廊陈氏堤集镇，打造购物体验区，主要建设中南地区最大的集珍珠养殖、加工、销售为一体的大型珍珠交易市场，集甲鱼养殖、垂钓、烹饪于一体的特色甲鱼城及特色农业观光走廊和休闲购物中心	2014—2026	100.00	50.00	
28	汉寿清水湖旅游度假区综合开发	汉寿	打造集野生动物园、综合酒店群、红色观光旅游、体育运动休闲、高尔夫学校、表演演艺等项目为一体的综合旅游度假区	2016—2020	40.00	40.00	
29	九岭越野赛车集中营建设	汉寿	分两期建设。主要建设：①赛车道建设，计划5条赛车道，即汽车场地越野赛道、卡丁车场越野赛道、摩托车越野赛道。②汽车文化交流中心5 000平方米，主要集新闻发布、企事业单位会议、商务洽谈、展览等于一体，建设面积8 000平方米；总建设面积8 000平方米，体验者住宿等于一体。③汽车旅馆（会员俱乐部），主要接待赛事官员、选手、体验者住宿，包括汽车维修改装中心、越野文化展示厅（会员之家）	2014—2017	8.00	5.00	

续表

序号	项目名称	建设地点	建设内容	建设起止年限	总投资（亿元）	"十三五"计划投资（亿元）	备注
30	岩汪湖风情小镇建设项目	汉寿	建湿地广场、湿地旅游接待中心、度假村商务中心、洞庭文化演艺中心、湿地科教馆、湿地人家、湿地有机特产鲜活市场及汽车总站、旅游码头等公共设施	2014—2020	5.00	5.00	
31	鹿溪国家生态公园建设项目	汉寿	培育好现有4.5万亩森林。用地7000亩，建水上乐园及水厂、苗木、名贵中药基地，建游客接待中心、停车场、服务用房、水库南岸边沿建十里竹廊民俗街，有计划地恢复和保护部分有敞口堂屋的传统村落；建游道及其他配套设施，申报国家级生态公园	2016—2020	10.00	10.00	
32	花岩溪国家森林公园提质改造	鼎城	在花岩溪景区创4A基础之上，进行景区提质升级改造。主要包括游客接待中心、景观打造、度假酒店建设和生态植被恢复、会展设施等，公园环湖景观步道建设	2016—2020	3.70	3.70	
33	吉祥寺旅游开发	鼎城	建设吉祥大殿、仙池山观音殿、朝山会馆、佛教学院、坛城、西方三圣等项目，开发帐蓬露营、汽车露营、游艇等新业态旅游产品	2014—2020	5.60	3.20	
34	十美堂鸟儿洲国家湿地公园建设	鼎城	鸟儿洲生态旅游区建设，南干渠水上游乐园、水乡农耕文化博物馆、淡水鱼鱼博物馆、紫流油菜花海、彩色稻景观建设	2016—2020	3.50	3.50	

续表

序号	项目名称	建设地点	建设内容	建设起止年限	总投资（亿元）	"十三五"计划投资（亿元）	备注
35	鼎城乡村旅游开发建设	鼎城	建设十美堂油菜花海、韩公渡古城荷花、逆江坪生态紫云英、长岭岗山丘油葵、大龙站薰衣草谷、钱家坪云峰竹海、唐家铺东湖山、草坪鸳鸯湖、沧浪仙山、双桥坪桃花、大明谷、黄土店金霞山、谢家铺仙樟红梁、周家店樊溪八景八景集赏花、观光、购物、娱乐等功能为一体的特色旅游村镇	2015—2018	12.40	11.11	
36	瑞鼎文化产业园	鼎城	总建筑面积约60万平方米，项目建成后，将成为一个以奇石根雕、传统工艺、古玩陶瓷为引线，涉及艺术培训、文创产业等产业领域，具备创作、展示、交流、交易综合功能的文化产业基地	2015—2020	15.00	12.00	
37	善德文化公园	鼎城	以善卷文化公园建设为主线，建设江南善卷文化生态公园、中国善卷人文大字、善卷文化长廊、国学馆、文化城、文艺中心、文化生态村级休闲广场等，打造集生态休闲、运动健身、美食、购物为一体的主题公园	2015—2018	10.00	7.82	
38	林伯渠故居景区开发	临澧	主要建设故居文物保护与利用、故居周边园林绿化、林伯渠生平业绩陈列馆、林伯渠铜像广场、历史人文景观及生态游步道、生态停车场、游客接待中心、观光农业生态园等项目	2009—2020	0.80	0.40	
39	太浮山旅游区开发	临澧	主要建设游客接待中心、太浮山旅游特产展示中心、上山旅游公路、登山游步道、观光素道、旅游停车场及生态停车场等项目，性开发金顶大庙、宣鉴禅院、太浮观等宗教设施	2009—2020	2.80	2.00	

续表

序号	项目名称	建设地点	建设内容	建设起止年限	总投资（亿元）	"十三五"计划投资（亿元）	备注
40	宋玉城楚风文化主题园区开发建设	临澧	建设宋玉庙、九辩书院、宋玉墓保护与绿化、宋玉雕像文化广场、宋玉城楚风文化影视基、宋玉城护城河开发、宋玉城游客接待中心及生态停车场等项目	2011—2025	1.20	0.38	
41	蒋家花园综合开发建设	临澧	主要建设蒋家大院、蒋家花园、丁玲故居、文化体育活动中心、城市综合体等项目	2015—2025	5.00	0.20	
42	官亭湖－刻木山景区开发建设	临澧	主要建设官亭湖生态度假游客接待中心、水上游艇观光、刻木娘大庙、旅游道路及生态游步道、溶洞景观资源开发、天葬坟、官亭塔历史遗址开发、生态观光园	2015—2025	1.00	0.30	
43	药山宗教文化旅游开发项目	津市	药山寺相关寺院恢复重建，配套完善基础设施，建成宗教文化旅游胜地	2015—2020	4.00	0.80	
44	嘉山国家森林公园生态旅游区建设	津市	对2 225.8公顷的国家级森林公园实施保护和建设，完善公园的硬件设施，建成集旅游观光、休闲度假、民俗风情、科普教育为一体的生态旅游胜地；对关山景区、空坪、游道及附属园林升级改造；对皇姑站山景区、空坪、游道及附属园林升级改造	2014—2020	11.60	4.20	

续表

序号	项目名称	建设地点	建设内容	建设起止年限	总投资（亿元）	"十三五"计划投资（亿元）	备注
45	毛里湖湿地公园生态旅游区建设	津市	国家级湿地公园建设，实施包括公园主入口大门、生态停车场、宣教中心、办公大楼、游船码头、公园管理服务功能房等旅游基础设施建设	2014—2020	15.00	7.00	
46	津市乡村旅游开发	津市	以关山明月生态园、神九堰、渡口天地新生态园、三禾鱼蟹园等为依托，配套完善基础设施及娱乐设施，实施乡村旅游整体开发	2016—2020	5.00	2.50	
47	黄山头水旅游综合开发	安乡	①登高揽胜景区，修建忠济寺、谢公墓、放云洞、屏牛望月等景点；②历史文物遗址游览区，修建民俗博物馆、南禅湾古墓群等景点；③冲风峪森林景区，开发冲风峪水库及其森林景观；④明堂湖生态旅游区，退田还湖，开发民居一条街；⑤刘弘墓晋文化主题公园建设，包括展示馆、文化广场、山体壁画、实体演出园等	2015—2024	15.00	8.00	
48	珊珀湖"梦里水乡"旅游开发	安乡	建设生态水乡，包括休闲度假村、水上游乐园、淡水鱼类展览馆、传统捕鱼方式的参与性活动、汇口水府寺	2014—2020	6.00	5.80	
49	西洞庭生态农业旅游综合开发	西洞庭	建设农旅主题文化公园，开发两湖（牛屎湖、白芷湖）湿地，建设沙河风光带、善导寺佛教文化基地、朝鲜葡萄观光基地，开发湿地体验、文化休闲、农业观光旅游	2016—2020	15.00	15.00	

附录二

常德市旅游发展专项资金管理办法

第一章 总 则

第一条 为规范常德市旅游发展专项资金(以下简称旅游资金)管理,有效发挥财政专项资金引导和激励作用,促进旅游产业转型升级,根据《中华人民共和国预算法》《湖南省旅游发展专项资金管理办法》等有关规定,结合我市实际,制定本办法。

第二条 本办法所称旅游资金是指由市级财政预算安排,用于支持我市旅游业发展的专项资金。

第三条 旅游资金建立部门共管、项目评审、结果公示、追踪问效的全过程协作管理机制。市财政局负责会同市旅游外侨局研究提出旅游资金年度预算方案,审核市旅游外侨局提出的资金分配方案,下达资金并监督预算执行。市旅游外侨局负责根据专项资金年度预算方案,会同市财政局制定相关支持政策,审查项目提出资金分配初步方案,指导协调相关项目建设和管理。

第二章 使用原则和支持范围

第四条 旅游资金使用应当遵循以下原则:

(一)合法合规、公开公正;

(二)政府引导、市场主导;

(三)突出重点、绩效优先;

(四)统筹安排、兼顾公平。

第五条 旅游资金的支持范围:

(一)旅游规划编制。支持全市旅游发展总体规划、区域旅游发展规划、专项旅游规划编制。

(二)旅游宣传促销。支持市级开展的常德旅游整体形象、旅游集群区域、精品线路的宣传推广事项及活动；适当补助县市区、旅游企业围绕常德旅游在国内外知名媒体(平台)开展的宣传推广事项及举办的具有重大影响的宣传推广活动。

(三)旅游项目建设。支持资源条件较好、纳入旅游发展规划、对全市旅游产业发展具有引导和带动作用的旅游项目建设，重点支持公共服务体系、新业态、转型升级产品开发建设及资源联合连片开发。

(四)旅游品牌创建。支持国字号旅游品牌创建以及3A级以上景区、四星级以上旅游饭店和旅行社、省级以上工农业旅游示范点或生态旅游示范点、五星级乡村旅游示范点等品牌创建；对引进境内外知名旅游品牌企业，按知名度大小适当给予补助。

(五)旅游商品开发、行业监管及教育科研。支持代表常德特色、市场前景较好的旅游商品的研发设计和宣传推广；支持旅游行业标准制定及评定、行业质量管理、市场监管、信息化建设及统计调查；支持旅游人才培育和旅游重大课题调查研究。

(六)旅游扶贫。支持围绕区域发展与扶贫攻坚、推动地区及当地群众脱贫致富的旅游扶贫建设。

(七)市委、市政府决定的其他事项。

第三章　支持方式及标准

第六条　旅游资金综合运用直接补助、以奖代补、贷款贴息等方式。原则上同年度内对同一项目不重复安排资金支持。

第七条　支持标准：

(一)直接补助：市直公共服务类项目支持比例可达项目总支出的100%，县市区公共服务类项目支持比例不超过项目总支出的50%；企事业单位申报的项目支持比例不超过项目总支出的30%。单个项目年度补助原则上不得超过200万元。

(二)贷款贴息：对上年实际发生的银行贷款利息予以补贴，贴息率不超过同期人民银行发布的贷款基准利率，额度不超过同期发生利息的50%，项目贷款期限一般应在 1 年以上(含 1 年),贴息期限原则上不超过 3 年(含 3 年)。

(三)其他分配方式的支持标准:除旅游促销奖励按《常德市旅游促销奖励办法》(常财办发〔2017〕38 号)有关规定执行外,其他由市财政局与市旅游外侨局根据资金规模、项目性质、绩效考评等因素另行协商确定。

第四章 资金申报、分配及下达

第八条 申报旅游资金的单位必须具备以下条件:

(一)在我市依法注册,具有独立法人资格的单位或企业;

(二)具有健全的财务管理机构和完善的财务管理制度;

(三)单位或企业要有良好的会计信用和纳税信用,无不良记录;

资金申报材料的具体要求在下发的资金申报通知中明确。

第九条 旅游资金分配按以下程序办理:

(一)每年初由市旅游外侨局会同市财政局研究提出专项资金重点扶持的方向、要求和使用初步计划,制定当年专项资金预算细化方案,报市政府审定。

(二)市旅游外侨局会同市财政局按照资金投向,拟定并下发资金申报通知,明确申报内容和申报要求。

(三)各区县市旅游部门、财政部门负责组织本地区的资金申报,将审核合格的申报资料联合行文分别报送市旅游外侨局、市财政局;市直项目单位直接向市旅游外侨局、市财政局提交申报资料。各区县市旅游部门、财政部门对所属地区项目申报材料的真实性、合法性负责把关。项目单位直接向市本级申报的,应一并提交材料真实性、合法性承诺书。

(四)市旅游外侨局会同市财政局对资金申报资料进行审核,并根据旅游资金支持方向、范围和标准,拟定支持项目及资金安排初步方案。市财政局根据当年预算安排情况,对资金安排方案进行审核,并按规定报市政府审定。对于按因素法确定的项目以及不需要申报的政策兑现资金,由市旅游外侨局依规提出资金分配方案,报市财政局审核,并按规定报市政府审定。

第十条 经市政府审定的资金安排方案,在市旅游外侨局、市财政局门户网站公示 5 个工作日无异议后,通过现行财政资金拨付渠道下达。资金下达方式分为一次性下达和按照项目进度分次下达，具体由市财政局会同市旅游外侨局根据项目的性质和类别确定。

第十一条　区县市财政部门应在收到旅游资金后及时将资金拨付至项目单位。项目单位在收到旅游资金后按照现行财务会计制度进行账务处理。

第五章　监督检查及绩效评价

第十二条　市财政局、市旅游外侨局对旅游资金实施监督检查、绩效评价，加强绩效评价结果运用。

第十三条　有下列情况之一的，财政部门不予安排或下达资金：

（一）不符合本办法规定的使用原则和支持范围的；

（二）未按本办法规定程序办理的；

（三）未按本办法规定实行公开的；

（四）绩效目标不明确的；

（五）其他不符合办法规定的事项。

第十四条　项目单位应主动接受监督检查。对拒不接受监督检查的单位，检查部门应当责令其改正。拒不改正的，各级财政部门应暂停或停止拨付资金；已经拨付资金的，责令其停止使用，并收回资金，同时取消其以后3年的申报资格。

第十五条　任何项目单位和个人不得截留、挪用、虚报、冒领、侵占或提供虚假资料骗取旅游资金以及擅自改变资金用途。如发生上述违法行为，市财政局全额收回资金，并取消其以后3年的申报资格，同时依照《财政违法行为处罚处分条例》等有关法律法规处理；涉嫌犯罪的，依法移送司法机关处理。

第六章　附　则

第十六条　本办法自印发之日起施行，由常德市财政局、市旅游外侨局负责解释。《常德市财政局 常德市旅游局关于印发〈常德市旅游产业发展专项资金管理办法〉的通知》（常财发〔2013〕1号）同时废止。

附录三

中共常德市委办公室　常德市人民政府办公室关于印发《常德市推进产业立市三年行动计划》的通知

常办发〔2017〕19号

各区县(市)委和人民政府,常德经济技术开发区、常德高新技术产业开发区、柳叶湖旅游度假区和西湖、西洞庭管理区,市直和中央、省驻常有关单位:

《常德市推进产业立市三年行动计划》已经市委、市政府同意,现印发给你们,请认真贯彻执行。

中共常德市委办公室

常德市人民政府办公室

2017 年 11 月 27 日

常德市推进产业立市三年行动计划

根据市委七届四次全体(扩大)会议精神和《中共常德市委关于大力实施开放强市产业立市战略的若干意见》(常发〔2017〕12 号)要求,为加快推进开放强市产业立市战略,特制定本行动计划。

一、发展目标

到 2020 年,全市经济综合实力大幅提升,在全面建成小康社会的基础上,加快迈向基本现代化,为建设泛湘西北现代化区域中心城市、省域副中心城市提供强大动力。

产业规模明显壮大。地区生产总值达到 4 300 亿元,占全省比重达到

1/10。努力培育烟草、生物医药与健康食品、装备制造与军民融合、文旅康养四大千亿产业集群和常德经开区、常德高新区两大千亿产业园区。规模工业增加值超过1 500亿元，规模工业企业超过1 500家，产值100亿元以上企业超过3家、50亿元以上企业超过5家、10亿元以上企业超过30家。

质量效益明显提升。年纳税额1 000万元以上的产业类企业（不含房地产和建筑企业）突破100家。园区规模工业增加值占全市规模工业增加值比重超过90%（含常德卷烟厂）。全社会研发经费支出占GDP比重超过2.3%，高新技术产业产值年均增长15%以上，新增国家级创新平台2家以上。产业信息化建设稳步推进，智能制造、智慧产业加快发展。品牌价值大幅提升，在全国拥有较高市场占有率和竞争力的优质农产品、工业产品、旅游产品品牌达到10个以上，品牌经济成为经济发展的重要支撑。

发展环境明显优化。营商环境日益优化，政府效能显著提高，服务创新、创业、创优的体制机制全面构建。对外开放通道更加畅通，正式迈进"高铁时代"，县域实现高速公路全覆盖，航空航线覆盖国内主要城市。建成航空、铁路、公路对外开放口岸和综合保税区，增开"五定班列"，一体化通关全面实现。

二、实施步骤

2017年9—12月，抓好机构组建、方案制定、规划编制和政策研究，基本建立产业立市的工作机制和政策体系，为全面推进产业立市三年行动奠定基础。

一年起好步（到2018年）。各项重点任务全面铺开，招商引资取得重大进展，全社会关注产业发展、支持产业发展的氛围日益浓厚，助推产业稳步运行。

两年见成效（到2019年）。三年行动取得积极成效，一批重大产业项目建成投产，烟草、生物医药与健康食品、装备制造与军民融合、文旅康养四大千亿产业加速壮大。

三年上台阶（到2020年）。三年行动各项目标任务全面完成，产业层次由"中低端"迈向"中高端",产业格局由"相对单一"迈向"多点支撑",产业发展水平进入全省前列。

三、重点任务

（一）搭建一个平台

搭建企业服务平台

开设企业服务热线和企业服务信箱,专线接听、按责转办、跟进督办、"销号"反馈,全天候受理企业各类请求和投诉事项。设立产业立市微信群,主要领导、职能部门和重点企业负责人参与,随时听取企业建议,及时回应企业诉求。建立"常德产业"APP,以移动客户端形式为全市企业提供各类政策资讯和网上办事服务,打造"一站式"网上服务平台（责任单位:市发改委、市经信委）。

（二）强化三大保障

①强化人才保障

加大高层次人才引进力度,引进重点大学本科及以上毕业生1 500名以上,其中硕士研究生600名以上、博士研究生60名以上（责任单位:市委组织部、市人社局）。加大高技能人才培引力度,从生产一线选拔培养或根据生产需要从市外引进紧缺工种技师、高级技师,累计培养引进1 000人以上,建立校企合作、工学一体培养模式,累计培训产业工人20 000人次以上（责任单位:市人社局）。加强企业家队伍建设,以龙头骨干企业、创新成长型企业为重点,培育一批视野开阔、经营出色、管理优秀、追求卓越的企业家,引进一批善经营、会管理的复合型职业经理人（责任单位:市经信委）。

②强化环境保障

规范涉企收费行为,向全社会公布涉企收费项目清单,实现"清单之外无收费"（责任单位:市发改委）。全面推进"二十证合一"改革落地,全面压减审批事项、压缩审批时限,推进并联审批、互联网审批,更新和公示"三清单一目录"（责任单位：市政务中心、市工商局）。严厉查处涉企"三乱"、涉项"三强"等行为，坚决打击堵路封门等侵害企业合法利益行为，全力打造法制化、市场化、便利化的营商环境（责任单位：市政府办、市优化办、市公安局、市人民检察院、市中级人民法院）。争取设立桃花源机场航空口岸和铁路、公路、港口口岸，积极申报建设常德保税物流中心（B型），支持有条件的区县（市）和重点企业建设保税仓等对外贸易平台，全面推进"一次申报、一次查验、一次放行"通关改革（责任单位：市商务局）。

③强化要素保障

整合各类扶持产业发展的专项资金，设立100亿元产业发展基金，以股权投资方式，引导专业投资机构、金融机构和社会资本参股设立子基金（责任单位：市财政局）。构建有利于创业发展的资本支持生态体系，引导企业对接资本市场，积极发展面向中小微企业的创业风险投资基金、天使基金等，探索建设基金小镇（责任单位：市政府办〈市金融办〉）。全力保障重点产业项目建设用地需求，优先安排工业用地审批（责任单位：市国土资源局）。加强各类技术交易平台建设，发展壮大技术中介服务机构（责任单位：市科技局）。

（三）实施八大行动

1.实施常德品牌推广行动

立足常德特色和优势，以"常德品牌、中国品质"为主题，定期举行常德品牌推介活动，推动优势产业、优秀企业、优质产品走出去。（1）农业品牌推介：组织农业生产企业、农业合作社、种植大户与京东商城、阿里巴巴、步步高、58农服、盐津铺子等知名电商、实体企业对接（责任单位：市农委）。（2）工业品牌推介：根据产业匹配度在发达地区举办常德制造专场推介会，扩大常德品牌知名度，提高在国内外市场的竞争力和占有率，吸引战略合作伙伴（责任单位：市经信委）。（3）旅游品牌推介：加大旅游景区和产品营销力度，精准对接目标人群，全方位推介常德旅游目的地整体形象和桃花源、柳叶湖、城头山等旅游品牌（责任单位：市旅游外侨局）。（4）城市品牌推介：

全面梳理城市建设管理经验，挖掘海绵城市、文明城市、宜居城市等亮点，加大城市整体营销与宣传力度，提升城市知名度和影响力（责任单位：市住建局）。

2.实施企业上市加速行动

把上市公司当作城市标志、经济名片来培育和打造，通过出台政策、加强培训、精准帮扶等措施，力争上市挂牌企业数量翻倍，其中上市公司新增3家以上，新三板挂牌企业新增18家以上。同时，建立60家左右的上市挂牌企业后备资源库（责任单位：市政府办〈市金融办〉）。

3.实施产业集群壮大行动

编制产业发展规划，建立"一个产业、一个规划、一个领导、一个专门班子、一个考核办法"工作机制，通过支持存量企业技改扩规、产业链招商、中小企业培育等措施，聚力打造烟草、生物医药与健康食品、装备制造与军民融合、文旅康养四大千亿产业，稳步壮大纺织服装、建材化工、林纸加工等传统优势产业，加快形成千亿产业支撑有力、百亿产业协同发展的产业新格局（责任单位：市发改委、市经信委、市农委、市旅游外侨局）。

4.实施新兴动能培育行动

密切跟踪全球产业变革浪潮和国省政策支持方向，着力构建实体经济、科技创新、现代金融、人力资源协同发展的产业体系，加速壮大新能源、新材料、信息技术、节能环保等战略性新兴产业，着力培育文化创意、移动互联网、人工智能、工业机器人、大数据、下一代基因技术、共享经济、海绵城市产业等新产业、新业态，主动对接一批"专精特新"科技成果在常德转化落地、孵化成长，力争新增3个以上百亿产业（责任单位：市经信委、市科技局）。每个园区选择5家国内外科技成果转化战略性新兴产业的项目，给予项目孵化、产业化重点扶持（责任单位：市科技局）。

5.实施企业创新成长行动

对大中小企业分类施策，精准帮扶。大力培育"百强核心重点骨干企业"，选择100家综合实力强、市场前景好的工业企业重点扶持，建立专门机制，出台专门政策，打造成支撑常德工业健康发展的"脊梁"。实施中小微企业成长工程，建立常德高成长性企业名录，对其竞争力、生命力和发展潜力进行专业咨询和综合评估，实现"一企一策"、精准帮扶（责任单位：市经信委）。

6.实施产业园区提质行动

加强全市产业园区的科学规划，按照"国家级园区产业不超过三主三辅、省级园区不超过两主两辅"的思路，进一步突出主导产业，推动形成特色鲜明、布局合理、差别竞争、优势明显的产业发展格局（责任单位：市发改委、市经信委）。推进我市园区与长三角、珠三角、京津冀等发达地区园区和异地常德商会对接，建立"1+2"产业联盟（即一个本市园区分别结盟一个发达地区园区和一个异地常德商会），积极承接发达地区产业转移（责任单位：市商务局）。加强园区配套设施建设，大幅提高园区商务、金融、教育、医疗、会展、休闲、娱乐等生产生活服务水平，让园区既能引得进人才、更能留得住人才（责任单位：市发改委）。

7.实施招商引资提速行动

紧盯世界500强、中国500强、民营500强开展集群式招商，重点招引旗舰项目和龙头企业。一方面，围绕壮大存量企业抓招商：（1）产业链招商，通过延伸龙头骨干企业产业链条，鼓励现有企业向上下游企业招商；（2）技改扩规招商，通过设备补贴和标准化厂房支持，鼓励有扩张意向的企业寻求合作伙伴、进行技改扩规；（3）专业园区招商，依托现有骨干企业，规划建设德国工业园、新能源产业园、智能终端产业园、新型光电产业园、生物医药产业园等"园中园"。另一方面，围绕引进增量企业抓招商：（1）市场化委托招商，委托具有相应资质和渠道资源的专业招商公司、知名会计事务所、科研院所（高校）、商（协）会等开展招商引资，根据入驻企业实际投资和税收贡献支付佣金；（2）亲情招商，充分发挥常德人脉资源和异地常德商会资源，用好德商恳谈会平台，通过出台相关激励措施鼓励常德籍在外成功人士牵线搭桥、引进项目；（3）资本招商，设立产业引导基金或成立创业投资公司，吸引有技术、有产品、有市场但缺乏资金的项目落地（责任单位：市商务局）。

8.实施创新创业创意行动

支持科研院所和企业建设国家级、省级重点(工程)实验室、工程技术研究中心、企业技术中心、博士后工作站,对获批的国家级、省级平台分别给予经费支持(责任单位:市科技局)。推进创业孵化平台发展,支持产业园区、龙头企业、行业组织和高校建设众创空间、科技企业孵化器、小微企业创业基地、商贸集聚区等平台建设(责任单位:市科技局)。支持青年人才创业,每年遴选20个优秀青年创业项目,按实际有效投入给予一定资助(责任单位:市人社局、市经信委、团市委)。积极发展创意设计产业,打造常德创意设计基地(责任单位:市文体广新局)。

四、工作要求

(一)搭建工作班子

成立常德市推进产业立市三年行动指挥部,由市委书记周德睿任政委,市委副书记、代市长曹立军任指挥长,统筹抓好战略谋划、政策研究、项目推进、协调服务、督促考核等工作,指挥部下设办公室和专项小组。指挥部办公室设在市发改委,工作人员从全市抽调。各区县(市)成立相应工作机构。

(二)明确责任分工

指挥部办公室、各专项小组分别由市级领导牵头,办公室实行集中办公,专项小组明确牵头单位负责日常工作,落实层级负责制和岗位责任制。各成员单位"一把手"亲自负责,明确一名班子成员和一名科级干部具体对接落实。全面推行"一线工作法""工作清单制"等制度,形成高效、有序、协作的运转体系,全面落实工作责任。各区县(市)结合实际制定本区域行动计划。

(三)健全政策体系

按照《中共常德市委关于大力实施开放强市产业立市战略的若干意见》,形成开放强市产业立市"1 + N"政策体系,包括招商引资政策、园区发展政策、骨干企业政策、产业基金政策、优化环境政策、人才引进政策、企业上市政策等,每项政策明确操作办法、责任部门,确保政策能落地、出实效。

(四)强化宣传引导

加大舆论宣传力度,及时总结先进经验,推介先进典型,营造产业发展浓厚氛围。建立"产业立市三年行动"微信公众号,及时发布重大活动、项目进展、政策文件、工作动态等信息。申报设立开放强市产业立市贡献奖,对有突出贡献的优秀企业和企业家、工作成绩突出的先进单位和个人进行奖励。

(五)严格督导考核

把推进产业立市三年行动情况纳入绩效考核,研究出台《推进产业立市三年行动考核办法》,提高招商引资和产业发展考核权重。建立产业立市三年行动三级调度机制,指挥部办公室每旬调度一次,副指挥长每月调度一次,政委、指挥长每季度调度一次。各专项小组组长或常务副组长每月调度一次。

附录四

常德市推进产业立市三年行动文旅康养专项小组三年行动计划实施方案（2018—2020）

文旅康养发〔2018〕2 号

根据市委七届四次全会精神和《中共常德市委办公室　常德市人民政府办公室关于印发〈常德市推进产业立市三年行动计划〉的通知》（常办发〔2017〕19 号）要求，为加快推进开放强市产业立市战略，特制定文旅康养产业发展三年实施方案。

一、发展现状

2017 年，旅游产业有国家 4A 级景区 9 家，星级宾馆 35 家，旅行社 60 家，实现年度总产值 362 亿元；文化产业规上企业 179 家，实现年度产业增加值 144 亿元；体育产业实现年度总产值 58 亿元；康养产业建成较大规模社会福利类项目 6 个，机构养老床位约 3 万张，年度总产值 65.8 亿元。

二、发展目标

（一）经济发展目标

到 2020 年，全市文旅康养产业总产值突破千亿大关。其中旅游产业总产值达到 600 亿元，文化产业增加值达到 250 亿元；体育产业总产值达到 100 亿元，康养产业总产值达到 100 亿元。

（二）品牌建设目标

旅游品牌：全市成功创建国家 5A 级旅游景区 2 家、国家级旅游度假区 1

家、国家级生态旅游示范区 1 家，常德市创成中国旅游休闲示范城市。

文化品牌：全市成功创建国家级文化产业示范基地 1 家、成功申报省级文化产业特色项目或示范项目 2 个、常德市成功创建国家鼓书生态保护区。

体育品牌：全市成功创建国家级金牌赛事 1 项、成功创建国家级体育旅游示范基地 1 家、成功创建全国体育运动休闲特色小镇 1 家、成功创建全国汽车运动示范基地 2 家。

康养品牌：成功创建全国森林康养基地试点建设县 1 家、全国森林康养基地试点建设单位 1 家、省级森林康养示范基地 3 家。

（三）项目建设目标

到 2020 年，全市文旅康养产业完成投资 5 000 万元以上的项目建设 116 个，项目总投资达 1 328 亿元以上。其中旅游项目 63 个，完成投资 925 亿元；文化体育项目 12 个，完成投资 151 亿元；康养项目 41 个，完成投资 252 亿元。

三、重点任务

（一）品牌创建

旅游品牌：①常德市创建"中国旅游休闲示范城市"；②桃花源和城头山创建"国家 5A 级旅游景区"；③柳叶湖创建"国家级旅游度假区"；④石门县壶瓶山创建"国家生态旅游示范区"。

文化品牌：①桃花源成功创建国家级文化产业示范基地；②神起网络科技有限公司（科技品牌）和《桃花源记》（演艺品牌）成功申报省级文化产业特色项目或示范项目；③常德市成功创建国家鼓书生态保护区。

体育品牌：①常德柳叶湖国际马拉松成功创建国家级金牌赛事；②柳叶湖成功创建国家级体育旅游示范基地；③安乡县深柳镇成功创建全国体育运动休闲特色小镇；④汉寿九岭赛车场和临澧县开泰山汽车露营公园成功创建全国汽车运动示范基地。

康养品牌：①石门县创建"全国森林康养基地试点建设县"；②澧县彭山创建"全国森林康养基地试点建设单位"；③太阳山、石门白云山、鼎城花岩溪三个单位创建"省级森林康养示范基地"。

（二）项目建设

旅游类：桃花源重点推进桃源工产业园、故渊湖酒店、医养小镇、旅游客运站等项目建设。柳叶湖重点推进华侨城常德卡乐星球及周边配套建设工程、大唐司马城、中南·百竹熊猫园、禾田居度假酒店、运达旅游综合体、柳叶湖（泰顺）房车露营地等项目建设。城头山推进旅游风情小镇、研学基地建设，澧阳平原史前遗址群成功申报世界文化遗产。壶瓶山推进旅游小镇、宜沙老街、通用机场、壶大公路等项目建设。全市市城区重点推进婚庆产业园、文创中心等项目建设。全市县域旅游重点推进武陵丹洲生态城、鼎城区花岩溪、桃源县沅江风光带、桃源县热市温泉、汉寿清水湖国际旅游度假区、汉寿西洞庭湖湿地公园、临澧县林伯渠故居、丁玲故居、津市毛里湖国家湿地公园等项目建设。

文化体育类：文化类重点推进常德金彩美术馆、中国常德"二战文旅城"、常德七一梦工坊、石门"市民之家"等项目建设。创作《丁兰刻木》《因为信仰》和《桃花源记》等3部动漫作品，积极培育在国内外有影响的动漫形象品牌及其衍生品。推广宣传桃源刺绣木雕文化，重点打造集展览、销售于一体的木雕刺绣传承基地。体育类重点推进常德奥体中心、常德体育运动健身基地、安乡县体育运动休闲特色小镇、临澧县开泰山汽车露营公园、湖南九岭汽车运动产业园、津市五环全民健身中心、汉寿县五环时代全民健身中心等项目建设，重点办好百团大赛、常德柳叶湖国际马拉松赛、万人穿越桃花源徒步赛、柳叶湖穿紫河龙舟赛、环洞庭湖汽车拉力赛及其他相关高端体育赛事。

康养类：强力推进常德市福寿颐康园、康福莱颐养院、石门禾田十九峰森林康养度假村、汉寿鹿溪森林公园康养基地、鼎城花岩溪森林康养基地、澧县彭山森林康养公园、津市灵犀森林康养、津市市一养养老中心、安乡县医养中心与福利院、汉寿锦源老年医养中心等 25 个项目的建设。引进资本推进常德市生命科学健康产业园、太阳谷养生养老产业园、太阳山森林小镇等 18 个项目建设。推进中国中药常德康复医院、众安康养老产业等医疗、健康项目建设、运营。全面实施居家和社区养老服务试点，培育养老服务龙头机构（组织），推进养老服务品牌化、连锁化、规模化建设。重点支持、培养 10 个以上骨干养老龙头企业、机构或社区组织。加快推进医养结合进程，全市所有乡镇卫生院或街道社区医疗站成建制转化为医养结合体。

（三）招商引资

切实打开开放的大门，拓宽合作的渠道，坚持一切围绕招商引资，一切服务招商引资，一切服从招商引资，采取多形式的招商模式，实行一事一议的方法进行专题招商和上门招商，3 年完成投资 5 000 万元以上的招商项目 30 个以上。探索整合政府平台公司投资建设的文旅项目，积极对接资本市场，鼓励做大做强。改革经营管理机制，组建文体产业集团。

（四）宣传营销

建立区域旅游营销合作联盟，将常德旅游纳入我市对外宣传总体战略，建立健全外事、外经、外资、外贸、外宣"五外联动"旅游宣传营销机制。开展大湘西旅游联盟、湖南旅游"金三角"联盟、"天下洞庭"生态旅游合作联盟等区域协作。加大与中央电视台等主流媒体的合作，提高常德城市知名度和影响力。加强与常德通航城市及重点旅游客源地市场合作，提升常德旅游人气。加强国际交流与合作，开展国际营销，提高常德对外开放度。

四、保障措施

1.加强组织领导

成立产业立市三年行动文旅康养专项小组，由市政协主席李爱国任组长，戴君耀、涂碧波（常务）、傅绍平、洪振海任副组长，市旅游外侨局、市文体广新局、市民政局、市卫计委、市林业局、市国资委和各区县市政府以及桃花源旅游管理区、柳叶湖旅游度假区、常德经开区等单位为成员单位,领导小组下设办公室和三个产业项目推进组。

2.加大扶持力度

优化产业发展环境,完善产业发展政策体系,出台文旅康养产业发展扶持政策,对产业发展重点项目给予资金补贴,对成功创建品牌单位给予资金奖励。并充分发挥财政资金的杠杆效应,撬动更多社会资本投入全市文旅康养产业发展。从2018年起,各成员单位每年安排专项资金用于文旅康养千亿产业发展扶持。

3.强化责任落实

严格实行目标责任制管理,将工作目标、任务及要求,逐一量化分解到具体责任单位。责任单位要成立工作专班,分解任务,倒排工期,强力推进。制定文旅康养产业项目推进工作奖惩制度,依据工作完成情况,对责任单位给予奖惩。

4.严格督办考核

按照产业立市三年行动三级调度机制,建立文旅康养专项小组督办调度制度。由组长或常务副组长牵头组织,每月召开一次调度会议,每半年召开一次工作总结会,研究推进文旅康养产业发展的重大事项。文旅康养专项小组办公室及时收集工作进展情况,定期发布工作动态信息,并根据年度工作计划,配合市委市政府督查室对各成员单位的工作情况不定期进行督导考核,将督导考核结果上报市推进产业立市三年行动指挥部办公室。

附录五

常德市人民政府办公室关于印发
《常德市旅游突发事件应急预案》的通知

常政办发〔2018〕16号

各区县(市)人民政府,常德经济技术开发区、常德高新技术产业开发区、柳叶湖旅游度假区、西湖管理区、西洞庭管理区管委会,市直和中央、省驻常有关单位:

《常德市旅游突发事件应急预案》已经市人民政府同意,现印发给你们,请认真组织实施。

常德市人民政府办公室
2018年8月9日

常德市旅游突发事件应急预案

一、总则

(一)编制目的

建立健全全市旅游突发事件应急救援体系,提高预防和处置旅游突发事件的能力,保障旅游者的生命财产安全,促进旅游业安全、有序、可持续发展。

(二)编制依据

《中华人民共和国安全生产法》《中华人民共和国突发事件应对法》《中华人民共和国旅游法》《湖南省突发事件总体应急预案》《常德市突发事件总体

应急预案》等法律法规和有关规定。

(三)适用范围

本预案适用于本市行政区域内旅游突发事件的防范和应急处置工作。旅行社组团在市外或境外发生突发事件时,参照本预案。

(四)工作原则

旅游突发事件应对处置工作遵循统一领导、分级负责,预防为主、协同应对,以人为本、安全第一,属地为主、就近处置,依法规范、快速反应等原则。

二、应急指挥体系及职责

市和区县市人民政府(管委会)设立旅游突发事件应急指挥机构,负责本地区旅游突发事件应急处置工作。

(一)应急组织机构

市人民政府设立常德市旅游突发事件应急指挥部(以下简称市旅游应急指挥部),由市人民政府分管副市长任指挥长,市人民政府分管副秘书长、市旅游外侨局局长任副指挥长,市政府办(市民宗局、市金融办)、市发改委、市经信委、市公安局、市民政局、市财政局、市国土资源局、市环保局、市住建局、市交通运输局、市水利局、市林业局、市卫计委、市工商局、市质监局、市安监局、市食药监管局、市委台办、市地震局、市政府新闻办、市气象局、武警常德市支队、市公安消防支队、国网常德供电公司等单位负责人为成员。

市旅游应急指挥部办公室设在市旅游外侨局,由市旅游外侨局局长兼任办公室主任。

(二)应急组织机构职责

1. 市旅游应急指挥部

统一领导全市旅游突发事件应急处置工作;负责组织、协调、指挥较大以上旅游突发事件应急处置工作,研究、解决和处置旅游突发事件中的重大问题,向市人民政府和省旅发委报告旅游突发事件应急处置情况,协调有关单位之间工作,组织开展全市旅游突发事件应急宣传、培训和演练等工作。

2. 市旅游应急指挥部办公室

督查、落实旅游突发事件应急处置重大决策的实施;收集、汇总、研判旅游突发事件信息,及时向市旅游应急指挥部报告,并通报市旅游应急指挥部成员单位;组织实施旅游突发事件调查评估,并提出对策;协助和指导区县市人民政府(管委会)开展应急救援工作,协调有关单位落实对事发地的支持和帮助措施;承担市旅游应急指挥部日常工作。

3. 市旅游应急指挥部成员单位

市旅游外侨局:负责组织协调旅游突发事件应急处置工作;组织、参与旅游突发事件调查,督促有关单位制定并落实防范措施;承担市旅游应急指挥部办公室日常工作。

市政府办(市民宗局、市金融办):负责旅游突发事件应急处置中涉及民族事务、宗教等问题的政策指导和协调工作;负责督促、协调相关保险机构开展救援、查勘和理赔工作。

市发改委:负责协调旅游突发事件应急处置中相关储备物资的调拨和保障等工作,维护旅游突发事件事发地的物价稳定。

市经信委:负责组织、协调旅游突发事件应急处置中的电力和通信保障工作。

市公安局:负责组织公安系统承担旅游突发事件现场重要设施设备及重点目标的安全保卫、交通管制及疏导、紧急疏散转移群众工作;维护事发地治安秩序,加强安全防范,打击违法犯罪行为。

市民政局:负责组织和发放旅游突发事件救灾物资,做好相关人员的临时生活救助等工作。

市财政局：负责旅游突发事件应急资金的安排、拨付和监督检查。

市国土资源局：负责组织协调、指导监督旅游景区（点）地质灾害监测预警，及时提供地质灾害预警信息。

市环保局：负责环境质量监测和信息发布工作；组织、指导、协调涉及环境污染的旅游突发事件应急处置工作。

市住建局：负责旅游景区（点）安全设施、紧急救援和游客中心的规划与设立，加强游览设施的安全管理，指导应急救援和应急抢险工程等工作。

市交通运输局：负责综合协调旅游突发事件应急处置中铁路、公路、水运、民航运输组织等重大问题，负责本系统旅游突发事件运力资源保障工作。

市水利局：负责汛情监测与发布，及时提供水文信息，协助做好应急处置工作。

市林业局：负责森林火灾、火险及野生动物病原体等监测预警，提供预警信息，协助做好林区旅游突发事件应急处置工作。

市卫计委：负责组织、指导、协调伤病员抢救和卫生防疫工作，开展疫情和环境卫生监测；实施卫生防疫和应急处置措施，防控疫情的发生、扩散和蔓延；必要时组织心理卫生专家赴事发地开展心理救助。

市工商局：负责维护旅游突发事件事发地的市场经营秩序。

市质监局：负责组织、协调、指导旅游突发事件中的特种设备事故应急救援、调查、处理等工作。

市安监局：负责牵头调查处理旅游安全事故，参与协调旅游突发事件应急救援工作；指导、协调和监督旅游相关管理部门（单位）的安全生产监督管理工作。

市食药监管局：负责组织、协调、指导旅游突发事件中食品药品安全应急处置相关工作。

市委台办：负责旅游突发事件应急处置中的涉台工作。

市地震局：负责提供地震资料信息和地震现场监测。

市政府新闻办：负责旅游突发事件信息发布、事发现场记者的管理与服务等工作。

市气象局：负责提供旅游气象监测预报预警服务信息。

武警常德市支队、市公安消防支队：根据有关规定参与应对处置旅游突发事件。

国网常德供电公司：负责旅游突发事件应急处置的电力保障工作，协助处置本系统内发生的旅游突发事件。

（三）现场应急指挥部

现场应急指挥部负责旅游突发事件的现场应急救援指挥工作。下设综合协调、抢险救援、治安警戒、医疗救护、后勤保障、信息发布、善后工作等工作组，负责相关具体工作。

综合协调组：组织协调现场应急救援的人员、交通、通信和装备等资源调配，对旅游突发事件进行调查分析，提出处理意见。

抢险救援组：负责查明旅游突发事件性质、影响范围及可能造成的后果，制定抢险救援方案，开展现场应急救援工作。

治安警戒组：负责旅游突发事件现场安全保卫、治安警戒、人员疏散、秩序维护、交通疏导、社会调查等工作，保障应急救援高效有序进行。

医疗救护组：负责组织协调旅游突发事件现场医疗救护和卫生防疫等工作。

后勤保障组：负责提供应急救援物资及装备，做好电力、通信设施抢修等应急保障工作。

信息发布组：负责组织、协调旅游突发事件应急救援等信息发布工作。

善后工作组：负责伤亡人员及其家属的安抚、抚恤、理赔等工作。

（四）专家组

市旅游应急指挥部聘请有关专家组成市旅游应急专家组，提供决策咨询，必要时参与旅游突发事件的应急处置工作。

三、监测预警与信息报告

（一）监测

各级人民政府要建立健全旅游突发事件应急指挥机构的信息监测与报告机制，节日实行日报制；实时监测较大突发事件和有关涉及旅游安全的信息，评估旅游突发事件风险，分析研判结果及时报告本级人民政府和上级旅游突发事件应急指挥机构，做到早发现、早报告、早处置。

（二）预警

相关部门发布地质灾害、交通安全、森林火灾、环境质量、恶劣气候等预警信息，及时通报市旅游应急指挥部办公室，市旅游应急指挥部办公室综合研判，报请市旅游应急指挥部批准，发布旅游预警信息；各级旅游突发事件应急指挥机构和旅游企事业单位根据预警信息采取相应预警预防行动。

根据事态发展和预报信息的变更，在综合评估的基础上，市旅游应急指挥部作出调整预警级别或解除预警决定，并及时通报各成员单位和各级旅游突发事件应急指挥机构。

（三）信息报告

旅游从业人员、各级旅游行政部门工作人员，有责任和义务报告旅游突发事件或隐患。

1. 报告程序

发生或可能发生旅游突发事件时，事发地人民政府及其旅游主管部门要按照突发事件信息报告标准，及时汇总信息，按规定时限报告上级人民政府及旅游主管部门，紧急情况可越级报告。

2. 报告内容

主要包括事件发生时间、地点、已确定的人员伤亡数量，事件性质、影响范围和事件发展趋势，已经采取的措施，报告人和联系方式等。因事件复杂情况不详的,可先报告简要情况,随后边核实边续报。

四、应急响应

(一)响应分级

根据旅游突发事件的性质、危害程度、可控性和影响范围,将旅游突发事件分为一般事件(Ⅳ级)、较大事件(Ⅲ级)、重大事件(Ⅱ级)和特别重大事件(Ⅰ级)四级。

1.一般旅游突发事件(Ⅳ级)

(1)一次事件造成旅游者 3 人以下死亡,或 10 人以下伤亡的。

(2)因 50 人以下旅游者滞留 24 小时,对当地生产生活秩序造成一定影响的。

(3)区县市人民政府(管委会)认为有必要启动Ⅳ级响应的其他旅游突发事件。

2.较大旅游突发事件(Ⅲ级)

(1)一次事件造成旅游者 3 人以上 10 人以下死亡,或 10 人以上、50 人以下伤亡的。

(2)因 50 人以上、200 人以下旅游者滞留 24 小时,对当地生产生活秩序造成较大影响的。

(3)市人民政府认为有必要启动Ⅲ级响应的其他旅游突发事件。

3.重大旅游突发事件(Ⅱ级)

(1)一次事件造成旅游者 10 人以上、30 人以下死亡,或 50 人以上、100 人以下伤亡的。

(2)200 名以上旅游者滞留 24 小时,对当地生产生活秩序造成重大影响的。

(3)省人民政府认为有必要启动Ⅱ级响应的其他旅游突发事件。

4.特别重大旅游突发事件(Ⅰ级)

(1)一次事件造成旅游者 30 人以上死亡或 100 人以上伤亡的。

（2）国务院认为有必要启动Ⅰ级响应的其他旅游突发事件。

上述数量表述中，"以上"含本数，"以下"不含本数。

（二）响应行动

（1）一般旅游突发事件发生后，事发地区县市人民政府（管委会）旅游应急指挥部立即报告本级人民政府和市旅游突发事件应急指挥部，启动Ⅳ级应急响应，组织实施应急救援。市旅游应急指挥部办公室密切关注事态发展，向市旅游应急指挥部相关成员单位通报事态发展和处置情况，并视情况提出应急救援指导意见或协调派出救援专家。

（2）较大旅游突发事件发生后，市旅游应急指挥部立即报告市人民政府和省旅游突发事件应急指挥部，启动Ⅲ级应急响应，组织实施应急救援。当超出市人民政府应急处置能力的，请求省层面救援指导并派出救援力量，市旅游应急指挥部在省旅游应急救援指挥机构的指导下，做好相关应急处置工作。

（3）重大旅游突发事件发生后，市旅游应急指挥部立即报告市人民政府，同时报请省旅游突发事件应急指挥部并通过省旅游突发事件应急指挥部报告省人民政府，启动Ⅱ级应急响应，组织实施应急救援。事发地人民政府和旅游主管部门按属地管理原则，第一时间组织开展先期处置。

（4）特别重大旅游突发事件发生后，市旅游应急指挥部立即报告市人民政府，并按有关规定报告国务院启动Ⅰ级应急响应，同时，第一时间组织开展先期处置。

（三）应急处置

（1）旅游突发事件发生后，事发旅游团队和事发地旅游突发事件应急指挥机构第一时间组织开展自救、互救，及时向本级人民政府、上一级旅游突发事件应急指挥机构报告；迅速保护事发现场，并建立现场处置区域，抢救受伤人员，设立人员疏散区，初步评估事件危害，探测并控制危险源，清理事发现场。

(2)当旅游突发事件呈扩大趋势，可能超出当前处置能力和范围时，各级旅游突发事件应急指挥机构经本级人民政府同意，报上一级旅游应急指挥机构启动应急响应，本级应急指挥机构服从上级旅游应急指挥机构的统一指挥。

(四)信息发布

市旅游应急指挥部办公室会同市政府新闻办，按照《常德市突发事件新闻发布预案》规定做好突发事件信息发布工作。

(五)响应结束

当险情排除，现场抢救活动结束，造成游客受到伤害和威胁的危险因素得到控制，游客安全离开危险区域并得到良好安置时，经现场指挥机构确认，由启动应急响应的旅游突发事件应急指挥机构决定并宣布响应结束。

五、善后工作

(一)安置补偿

事发地人民政府旅游突发事件应急指挥机构会同相关部门做好善后处置工作，包括人员安置、补偿，征用物资补偿，污染物收集、清理与处理等事项；妥善安置伤亡人员，动员社会力量救助，尽快恢复正常秩序，确保社会稳定。

(二)分析评估

应急工作结束后，事发地旅游突发事件应急指挥机构组织相关单位分析评估应急救援工作，提出改进应急救援工作的意见和建议，报本级人民政府和上级旅游应急指挥机构。相关部门(单位)按规定开展旅游突发事件调查分析，提出处理意见和整改措施。

六、应急保障

(一)通信保障

各级旅游应急指挥部应建立包括参与旅游突发事件应急救援的职能部门、相关单位、专家组的通信录,并定期更新。

(二)装备保障

各级旅游突发事件应急指挥机构根据需要,为参与应急救援的相关单位及人员配备相应的救援工具、检测仪器、车辆等抢险救援装备。

(三)资金保障

各级人民政府应按照分级负担的原则,根据旅游突发事件应急救援需要,安排专门财政资金用于旅游突发事件的应急处置,包括组建专家队伍、开展应急演练、组织专业培训、购置仪器设备、实施抢险营救等。

七、监督管理

(一)宣传、培训和演练

各级人民政府及旅游行政管理部门应加强对旅游突发事件预防、避险、避灾、自救、互救等知识的宣传教育,组织、督促对有关部门、相关旅游企业单位和专业抢险救援机构的有关人员开展培训,提高其快速抢险、营救伤员、消除危害等应急救援技能。同时,应定期组织旅游突发事件应急救援演练,不断提高救援人员应急处置能力。

(二)责任追究

对在旅游突发事件应急处置工作中,有失职渎职和玩忽职守等行为的,有关部门(单位)要依法给予责任人行政处分,触犯法律的,依法追究法律责任。

八、附则

（一）名词解释

旅游突发事件：是指突然发生，造成或可能造成旅游者人身伤亡、财产损失，或严重影响社会正常生产、生活秩序，需要采取应急处置措施予以应对的自然灾害、事故灾难、公共卫生事件和社会安全事件。

旅游者：主要指以旅行游览为目的，以团队或散客形式出行的人员。

（二）预案管理与更新

市旅游外侨局根据情况变化，及时提请市人民政府修订完善本预案。

（三）预案实施

本预案自公布之日起施行。

附录六

常德市旅游外事侨务局关于印发《全市旅游市场秩序专项整治"利剑行动－1"工作实施方案》的通知

常旅外〔2018〕7号

各区县(市)旅游局(委、办)、局相关科室,市旅游执法监察大队:

根据国家旅游局、省旅游发展委员会统一部署,经市旅游外事侨务局研究同意,决定开展全市旅游市场秩序专项整治"利剑行动"系列行动。现将《全市旅游市场秩序专项整治"利剑行动－1"工作实施方案》印发给你们,请结合实际,认真贯彻落实。

常德市旅游外事侨务局

2018年2月26日

全市旅游市场秩序专项整治"利剑行动－1"工作实施方案

为深入贯彻落实党的十九大关于"建设质量强国"和"加快发展现代服务业"等一系列重要会议精神,进一步加大旅游市场秩序整治力度,不断净化旅游消费环境,确保旅游市场秩序持续向好,提升旅游服务质量,提高游客满意度,根据国家旅游局、省旅游发展委员会统一部署,制定全市旅游市场秩序专项整治"利剑行动－1"工作实施方案。

一、工作目标

重点整治侵害游客合法权益的突出问题,有效规范导游执业,严厉打击强迫消费以及非法从事导游执业活动等突出违法行为,推动优质旅游发展,提升广大游客的旅游获得感和幸福感。

二、健全组织

成立常德市旅游市场秩序专项整治"利剑行动"领导小组，市旅游外事侨务局党组书记、局长杨俊任组长，市旅游外事侨务局党组成员、副局长杨成先、王陵书任副组长，领导小组下设办公室，领导小组办公室设市旅游外事侨务局旅游管理科，办公室（法制科）、市旅游执法监察大队为办公室成员单位，负责对全市旅游市场秩序专项整治"利剑行动"的组织领导和工作实施。

三、实施时间

2018 年 2 月 1 日至 3 月 15 日

四、工作重点

（一）开展导游（或领队）执业检查

严查"黑导"。重点在旅游景区（点）、游客集散地、旅游热点线路沿途，以及公共交通枢纽地点检查带团导游，出境旅游团队带团领队也要列入检查范围。主要检查带团导游（或领队）的导游证、导游身份标识，接受旅行社委派的相关材料；导游是否开启"全国导游之家"APP 执业；提供领队服务人员是否符合担任领队条件；团队行程是否与团队行程单相符；购物和另行付费项目是否有明确补充协议等；必要时，可向游客就团队服务质量问题进行询问；向游客发放旅游投诉指南、旅游安全、文明旅游类资料。对检查中发现的"黑导"，要坚决给予处罚，列入"黑名单"，予以行业禁入，并协调公安机关立案查处；对违法情节严重、涉嫌犯罪的，要加大"行转刑"力度，予以严惩。

（二）严查导游违法案件的涉事旅行社

在查处违法导游（或领队）的同时，坚决追究委派旅行社的责任，并依法依规进行惩处。重点检查涉事旅行社是否与导游(或领队)签订劳动合同、缴纳社会保险等;是否要求导游(或领队)垫付团款或向其另收取费用;是否及时支付临时聘用导游(或领队)服务费用;是否安排符合担任领队条件人员提供领队服务;是否存在组织"不合理低价游"问题;委托其他旅行社履行包价旅游合同是否经过游客书面同意等。

(三)严惩"黑店"

对于查获的诱骗、强迫或变相强迫消费案件的涉事购物场所,除要求赔偿、退货外,应依程序移交属地工商部门,依据《反不正当竞争法》中"商业贿赂"查处。

(四)严查"黑社""黑车"

联合公安、工商、民政、网信、保监会、交通等部门加大联合检查执法力度,对检查过程中发现的未取得旅行社业务经营许可的社会组织或个人非法组织接待团队游客的行为,应依法重处;对未取得合法运营资质的公司、车辆和司乘人员,应依法依程序移交交通运管等部门,坚决予以查扣或取缔,确保旅游交通安全。

(五)继续推进旅游市场综合监管机制创新

继续推动各地建立完善"1+3+N"旅游市场综合监管机制,充分发挥公安等旅游市场综合监管部门职能,提升旅游执法效率;继续推进旅游事故隐患治理"一单四制"工作,通过完善制度、检查督导、案件交办、限期整改等方式,坚决遏制旅游安全重特大事故发生。

(六)继续推进诚信经营和文明旅游工作

各地因地制宜开展文明旅游宣传和志愿者服务,广泛播放文明旅游公益广告,督导涉旅企业及从业人员诚信经营、文明服务,引导游客文明旅游、理性消费。

五、工作安排

（一）动员阶段

2月14日前，市旅游外事侨务局印发《全市旅游市场秩序专项整治"利剑行动—1"工作实施方案》；各区县（市）旅游局（委、办）根据工作部署，结合本地区实际情况制定实施方案，明确负责领导和工作部门。

（二）落实阶段

2月15日至3月15日期间，以打击"四黑"（黑导、黑店、黑社、黑车）为重点，各地旅游部门联合工商等相关部门开展旅游市场秩序集中整治，指导行业协会自查自纠。集中整治期间，市旅游外事侨务局将对重点地区进行专项督查检查。

（三）总结阶段

3月15日至3月底，各地对专项整治行动中发现的问题、线索等情况进行梳理，依法依规依程序办理、移交案件线索，汇总并报送工作开展情况和亮点特色。

六、工作要求

1.要高度重视，全面开展专项行动

各区县（市）旅游局（委、办）要建立相应组织，制定本地区"利剑行动"工作方案，认真组织开展辖区内"利剑行动"工作。各地应依法依规依程序开展旅游市场秩序专项整治"利剑行动"有关工作，对违法违规行为采取"零容忍"态度，确保既执法严明又客观公正；执法检查人员要严守工作纪律，廉洁自律。

2.要主动作为，建立齐抓共管机制

各地旅游部门应积极发挥主体责任，主动协调公安、工商、民政、网信、保监会、交通等旅游市场综合监管部门,组织开展导游执业联合大检查,通过查处违法违规导游,倒逼涉事旅行社、购物店等市场主体规范经营行为;对检查中发现的涉嫌强迫消费等犯罪线索,须及时移交相关部门,实施严厉打击。

3.要积极履责,营造诚信经营氛围

各地要加强旅游领域诚信体系建设,建立完善失信主体联合惩戒机制,结合旅行社信誉等级评估工作,积极倡导全行业诚信经营,游客文明旅游,发布各地"旅游诚信经营红黑榜"。充分引导、发挥新闻媒体对"利剑行动"的宣传报道和舆论监督力度,形成浓郁的宣传声势。

4.要及时总结,完成信息报送任务

各地要在3月19日17:00前将"利剑行动—1"开展情况、亮点特色及案件查处情况报送市旅游外事侨务局旅游管理科汇总后呈报省旅游发展委员会行业管理处。市旅游外事侨务局旅游管理科联系人:宋国栋,联系电话:7220065、17773669903,电子邮箱:478671464@qq.com。

常德市＿＿＿＿区县(市)"利剑行动—1"案件查处情况汇总表

联系人:　　　　联系电话:　　　　制表时间:年 月 日

序号	被调查企业(或个人)规范全称	涉嫌违法违规问题	拟处罚情况	是否已作出处罚决定
1				
2				
3				
4				
...	......			

注:1.被调查企业名称请填写全称;2.涉嫌违法违规情况及拟处罚情况请按照法律条文填写;3.已办结案件请另附《处罚决定书》复印件;4.表格内容填写不够可自行续表。

附录七

常德市旅游外事侨务局关于印发《加强常德市旅游行业社会信用体系建设工作要点》的通知

常旅外〔2018〕48 号

各区县市旅游局、旅游企业：

《加强常德市旅游行业社会信用体系建设工作要点》已经市旅游外事侨务局党组研究同意，现印发给你们，请加强宣传引导，认真抓好贯彻落实。

常德市旅游外事侨务局
2018 年 10 月 22 日

加强常德市旅游行业社会信用体系建设工作要点

为加强社会信用体系建设，推进我市旅游行业社会信用体系建设工作，根据国家、省市社会信用体系建设的总体要求，结合我市社会信用体系建设工作领导小组的工作部署，制定加强常德市旅游行业社会信用体系建设工作要点。

一、健全市旅游行业社会信用体系建设组织架构体系

建立健全常德市旅游行业社会信用体系建设工作组织领导机构。市旅游外事侨务局成立由市旅游外侨局党组书记、局长杨俊任组长，党组副书记、副局长白鸿谋，党组成员、副局长杨成先、王陵书、黄海萍任副组长的常德市旅游行业社会信用体系建设工作领导小组，领导小组成员由涉及旅游业务的科室、局下属单位负责人组成，办公室设旅游管理科。领导小组建立有效工作机制、会议纪要和大事记制度，推动各项工作正常开展。

二、全面接驳市公共信用信息平台

依据市旅游外事侨务局的工作职责，筛选整理全市旅游行业信用信息，收集全市星级饭店、旅行社、A级旅游景区、星级乡村旅游点等相关旅游企业、从业人员的基本信息和良好行为记录、不良行为记录、信用修复等信息汇总至领导小组办公室，领导小组办公室归集审核并经领导审批后，按照规范格式实时或定期报送市公共信用信息平台。

三、规范信用信息代码，统一信用信息标准

按照市社会信用体系建设领导小组办公室的工作要求，以构建全市信用信息共享平台为契机，统一全市旅游行业信用信息报送与公示标准，规范信用信息代码格式，按照国家统一的信用信息格式标准建立信用信息数据库，为各级信用信息共享交换平台提供符合规范格式的信用信息。

四、强化信用制度建设

结合《常德市失信行为联合惩戒暂行办法》和相关惩戒合作备忘录，建立旅游行业诚信建设红黑榜制度，完善扬善抑恶的制度机制，强化失信惩戒力度，打造守信重诺的社会环境。

推进行政许可与行政处罚等信用信息"双公示"。结合"权力清单"与"责任清单"，全面梳理并编制本部门行政许可和行政处罚事项目录，制定公示规范，畅通公示渠道。将行政许可、行政处罚等信用信息自行政决定生效之日起7个工作日内上网公开，并同步向"信用常德"网站报送。

抓好旅游市场专项整治和质监执法工作，净化旅游市场秩序；在旅行社行业中继续深入开展"诚信示范旅行社"评选工作，引导旅行社诚信经营；在旅行社行业中继续深入开展信誉等级和旅游服务质量评议工作，并做好信用信息的运用；建立旅游行业从业人员特别是导游、计调人员的诚信记录，引导职业道德建设和行为规范。

五、加强诚信宣传

弘扬诚信文化。宣传贯彻党中央、国务院、省、市关于社会信用体系建设的方针政策，普及有关旅游市场监管和规范市场经济秩序的法律法规，展示我市旅游行业开展诚信建设工作的进展情况、取得的成果，交流企业诚信经营的经验做法。

开展诚信主题宣传活动。充分发挥电视、广播、报纸、网络等媒体的宣传引导作用，树立社会诚信典范，使诚实守信成为全社会的自觉追求，营造良好的旅游行业诚信氛围，提高全行业信用意识。

B.16 2018 年常德市旅游业发展大事记

1 月 10 日 常德市人民政府与四川旅游投资集团在桃花源景区举行战略合作签约仪式。

1 月 15—16 日 岳阳市政协副主席、市旅游外事侨务办主任方争齐一行 4 人到常德调研考察，并召开座谈会探讨成立环洞庭湖旅游合作联盟相关事宜。

1 月 24 日 津市市 2018 年青苗腊八节暨津市市农产品博览会在毛里湖镇青苗社区活动广场开幕。

1 月 30—31 日 莫斯科测绘大学教授、俄罗斯自然科学院通讯院士扎哈连科，武汉大学俄罗斯乌克兰研究中心主任刘再起教授、副主任田园教授，湖南万里茶道申遗专家、省文物考古研究所古建专家刘松华到石门县考察万里茶道申遗工作。

2 月 3 日 市旅游外侨局在长沙举行"走进桃花源里的城市"——常德旅游产品(长株潭)推介会。

3 月 2 日 市旅游外侨局指导市经山水投资有限公司在常德河街举办"元宵游园会"活动。

3 月 2 日 "2018 年湖南金融先锋榜"评选出炉，常德柳叶湖清科基金小镇以其独特的一站式服务成为唯一上榜的基金小镇。

3 月 7 日 市旅游外侨局组织桃花源、柳叶湖、城头山等核心景区和重点旅行社、旅游饭店赴成都开展常德旅游品牌推介活动。

3 月 15 日 市旅游外侨局赴广州开展常德旅游品牌推介活动。

3 月 23 日 市旅游外侨局赴杭州开展常德旅游品牌推介活动。

3 月 25 日 市旅游外侨局指导桃花源举办 2018 中国桃花节暨春耕开犁典礼。

3 月 27 日 省政府副省长何报翔带领省政府办公厅和省旅发委领导到

常德调研乡村旅游工作，对十美堂镇油菜花节的举办和常德乡村旅游发展给予充分肯定。

3月30日　常德古玩城·2018湘西北春季古玩交易博览会暨常德旅游商品街开街仪式在常德河街举行。市旅游外侨局党组书记、局长杨俊出席仪式并为旅游商品街揭牌。

5月8—11日　市旅游外侨局在常德市举办"2018港澳旅行商锦绣潇湘行活动"，来自港澳地区及湖南、广东、浙江、四川等省份重点旅游城市约130名旅行商代表参加。

5月14日　市旅游外侨局组织召开常德市国家4A级旅游景区市级暗访情况通报会，各相关区县旅游局及辖区内国家4A级旅游景区负责人参会，副局长王陵书主持会议。

6月7—13日　由国家文化和旅游部、天津市人民政府共同主办的"多彩非遗·美好生活"——2018年"文化和自然遗产日"全国非遗曲艺周在天津举行。武陵区文化馆、常德市丝弦传习所编排的常德丝弦传统曲目受邀代表常德丝弦曲种（国家级非物质文化遗产项目）参加交流展演。

6月12日　益阳市外事侨务旅游局组织辖区内旅游行业单位40多人到常德市开展旅游市场面对面交流互动活动，表达两地旅游产业相互促进、旅游市场客源互送、旅游资源互补推广的区域合作意愿。

6月14—17日　第32届香港国际旅游展在香港国际会展中心举办，石门夹山禅茶表演在展会上亮相。

7月20日　由市文化体育广电新闻出版局、市旅游外侨局、中国致公党常德市委员会、武陵区人民政府主办的第五届中国·常德夏日动漫盛典在共和酒店国际会议中心开幕。

8月7日　常德、益阳、岳阳三市代表环洞庭湖区域旅游合作联盟，赴湖北武汉举行湖南旅游产品推介会，集中发布环洞庭湖四季精品旅游线路和特色产品。

8月16日　市文旅康养专项小组副组长傅绍平带队，对华侨城卡乐星球等旅游产业部分重点项目建设进展情况进行督查。

8月17日　全国青少年户外营地夏令营（湖南常德站）暨湖南省"体育新时代"常德市青少年户外体育夏令营活动在鼎城区花岩溪国家森林公园巴家营地正式开营。

8月21日　由国家体育总局中国自行车运动协会独轮车委员会和桃源县人民政府联合主办，中国国际体育旅游有限公司、桃源县文体广新局和桃源县大美文化旅游发展有限责任公司共同承办的湖南桃源"枫林花海·湘淮村镇银行杯"第十五届全国独轮车锦标赛开赛。

9月10—18日　常德、张家界市等旅游部门，省旅行社协会和湖南省旅游企业相关负责人赴波兰、捷克开展"锦绣潇湘—走进一带一路"旅游推广活动。以常德、张家界为代表的环洞庭湖旅游区、大湘西旅游精品线路产品备受瞩目。

9月19日　2018首届中国农民丰收节湖南主题活动——常德（第二届）米食节在澧县城头山旅游景区开幕。

9月27日　韩国大邱庆北经济自由区域厅厅长李仁善、韩国KC TOWN株式会社集团会长全宁植一行7人到常德市鼎城区空港新城进行访问。常德市人民政府副市长涂碧波参加鼎城区委书记、常德高新区党工委书记杨易鼎城区委副书记、区人民政府区长朱金平参加会议。

9月28日　2018第十八届湖南石门柑橘节暨文化旅游季活动在石门县夹山禅茶文化广场开幕。

10月10日　第三届富硒草本咖啡文化旅游节在武陵区芦荻山乡举行。

10月12日　湖南旅游（京津冀市场）推介会在北京市湖南大厦举行，作为环洞庭湖区域中心城市之一，常德市进行旅游专题推介，得到京津冀地区旅行商和媒体嘉宾的赞赏。

10月19—21日　2018中国湖南（第九届）旅游产业博览会暨首届旅游装备展在湖南国际会展中心举行。在总结表彰会上，市旅游外侨局获评第九届旅游产业博览会"最佳展位奖"，并在2018中国湖南旅游商品大赛上斩获1金、2银、5铜共8个大奖。

10月22日　市旅游外侨局印发《常德市旅游行业诚信建设"红黑榜"制

度》，将旅游星级饭店、旅行社、等级旅游景区等旅游企业及其从业人员纳入诚信建设范围，受到表彰的单位和个人列入红榜，受到查处的单位和个人列入黑榜。

11月12日　湖南省人民政府港澳事务办公室、澳门中华文化交流协会、澳门颐园书画会、常德市旅游外侨局（市港澳办）、武陵区人民政府共同举办"纪念澳门回归祖国20周年"系列活动—"爱莲颂"诗联书画名家作品邀请展，活动在常德市文化馆举行，常德市人民政府副市长涂碧波、省人民政府港澳办副主任叶劲松参加活动，内地与澳门各界100多名诗联书画名家参加活动。

11月15日　省文化和旅游厅公布省级文化生态保护（实验）区名单，同意设立常德市鼓书文化生态保护（实验）区为省级文化生态保护（实验）区。

11月16—18日　2018中国国际旅游交易会在上海新国际博览中心举行。市旅游外侨局组织汉寿县旅游外侨局、临澧旅发委、石门县旅发委、桃花源旅游管理有限公司、天禧酒店等多家单位参展。

11月23—25日，常德市组织"音相似·一家亲"湖北旅行商及媒体考察活动，召开专场旅游推介交流会，组织两地旅游企业间开展交流，并组织嘉宾们对市城区、柳叶湖、桃花源以及城头山进行现场考察。

11月27日　湖南省文化和旅游厅公布2018年"平安景区"创建示范单位，全省14个景区被纳入候选名单，中国桃花源景区榜上有名。

11月30日　桃花源景区和山水实景演出《桃花源记》入选第八届中国旅游投资艾蒂亚奖候选名单。

12月11—14日　在2018美丽乡村博鳌国际峰会上，桃源县枫林花海景区获评"全国百佳乡村旅游目的地"，是湖南省唯一获得该殊荣的景区。

12月11日　常德市产业立市三年行动文旅康养专项小组召开年终总结调度会，会议听取了文旅康养专项小组成员单位及各区县市文旅康养专项小组工作情况汇报，并对2019年工作进行了安排部署。

12月11日　湖南省发展和改革委员会、湖南省文化和旅游厅正式发布了《关于增补大湘西地区文化生态旅游精品线路景点集群（特色村镇）的通知》，石门县南北镇薛家村、新关镇新关社区居委会、夹山镇杨坪社区居委会、楚江街道办龙凤社区居委会、蒙泉镇望仙树村成功入选，至此石门县共有 19 个旅游特色村镇进入大湘西地区文化生态旅游精品线路景点集群。

12 月 19 日　省文化和旅游厅党组副书记、副厅长王超祥带队到我市督查旅游安全生产和火灾防控工作。

12 月 26 日　根据《常德市机构改革方案》，常德市文化旅游广电体育局正式挂牌成立。